HARVARD BUSINESS ESSENTIALS

FINANÇAS PARA GERENTES

HARVARD BUSINESS ESSENTIALS

Outros títulos da série

Contratando e mantendo as melhores pessoas
Gerenciando mudança e transição
Negociação

HARVARD BUSINESS ESSENTIALS

FINANÇAS PARA GERENTES

ORGANIZADO PELO PROFESSOR DE MBA

SAMUEL L. HAYES

Tradução
RYTA VINAGRE

Revisão técnica
ROBERTO ZENTGRAF
Coordenador do MBA Executivo em Finanças – Ibmec Business School - RJ

4ª EDIÇÃO

EDITORA RECORD
RIO DE JANEIRO • SÃO PAULO

2009

CIP-Brasil. Catalogação-na-fonte
Sindicato Nacional dos Editores de Livros, RJ.

F529 Finanças para gerentes / Samuel L. Hayes (org.); tradução de
4ª ed. Ryta Vinagre. – 4ª ed. – Rio de Janeiro: Record, 2009.
. – (Harvard Business Essentials)

Tradução de: Finance for managers
Apêndice
Inclui bibliografia
ISBN 978-85-01-06687-9

1. Empresas – Finanças. 2. Sociedades comerciais – Finanças.
3. Administração financeira. I. Hayes, Samuel L. II. Série.

CDD – 658.15
03-0962 CDU – 658.15

Título original norte-americano
FINANCE FOR MANAGERS

Capa: Sérgio Campante sobre foto de David Chasey (Photodisc Collection).

Impresso no Brasil

ISBN 978-85-01-06687-9

PEDIDOS PELO REEMBOLSO POSTAL
Caixa Postal 23.052
Rio de Janeiro, RJ – 20922-970

Sumário

Introdução

Este livro explica os conceitos básicos das finanças para gerentes que não são da área financeira. Quer você esteja no setor de vendas, marketing, fabricação, desenvolvimento de produto, recursos humanos ou alguma outra operação, compreender os conceitos financeiros o ajudará a fazer melhor o seu trabalho e ganhar a dianteira. E o que é válido para administradores profissionais sem dúvida também vale para os proprietários e gerentes de pequenas empresas. Saber como financiar ativos, projetar fluxos de caixa futuros, manter um orçamento, determinar quais as operações que são geradoras de lucro e quais não são, e julgar os verdadeiros méritos econômicos de diferentes oportunidades de investimento o ajudará a permanecer nos negócios e torná-los lucrativos.

Harvard Business Essentials — Finanças para gerentes explica os fundamentos deste importante tema. Não fará de você um especialista em finanças, nem o qualificará para se tornar analista financeiro, *controller* ou diretor financeiro. Mas explicará o que você precisa saber para ser um consumidor inteligente de informação financeira, para planejar e usar conceitos de finanças e tomar melhores decisões nos negócios.

O quadro geral das finanças empresariais

As finanças empresariais tratam basicamente de obtenção e alocação de recursos — de como uma empresa desenvolve a tarefa de financiar os ativos de que precisa para administrar os negócios e de como esses ativos podem ser usados da melhor maneira possível. Quanto à obtenção de recursos, as finanças lidam com as seguintes a questões:

- Como a empresa irá adquirir e financiar seu estoque, equipamentos e outros bens físicos?
- A empresa deveria usar o dinheiro dos proprietários, fundos emprestados ou fundos gerados internamente para essas aquisições?
- Se a melhor opção é fazer um empréstimo, quais são as fontes mais adequadas de capital de empréstimo?
- O *leasing*, ou arrendamento, é uma alternativa melhor que a compra?
- Quanto tempo leva para receber o dinheiro devido por clientes (contas a receber)?
- Como a lucratividade é afetada se a empresa opera com uma proporção maior de fundos emprestados?

Agora considere a alocação de recursos. Aqui, as finanças impõem questões importantes, como:

- Se a empresa tem uma oportunidade de investir em dois empreendimentos diferentes, como determinar qual deles produzirá o maior valor econômico nos anos seguintes?
- Que retorno um novo produto ou serviço deve gerar para que valha a pena? E como os retornos são medidos?
- Quantas unidades de um novo produto ou serviço a empresa deve vender para chegar ao ponto de equilíbrio de seu investimento?
- Como os gerentes podem determinar a lucratividade dos diferentes bens e serviços que produzem?

As finanças são também um sistema de informação. Englobando a função de contabilidade e seu meticuloso registro de transações, as finanças produzem números que os gerentes podem usar para planejar e controlar operações. Estes assumem a forma de demonstrações financeiras, orçamentos e projeções. A informação financeira dá aos gerentes os números de que eles precisam para tomar decisões melhores — se eles interpretarem e utilizarem esses números da forma correta. Você aprenderá aqui como usar a informação financeira para determinar quais são os seus produtos ou serviços que estão contribuindo para os lucros e quais não estão — algo que nem sempre é óbvio.

O que temos pela frente

Os Capítulos 1 e 2 deste livro tratam de demonstrações financeiras: o balanço patrimonial, a demonstração de resultados e a demonstração de fluxo de caixa. Estes são os principais documentos das finanças. O primeiro capítulo explica esses documentos; o segundo mostra como interpretá-los.

O Capítulo 3 abrange um seleto conjunto de conceitos importantes na contabilidade, inclusive o regime de competência e o regime de caixa, a contabilidade para estoques e depreciação, o tratamento de *leasing*, o princípio do custo histórico e a contabilidade de custo. Este capítulo não fará de você um contador, mas vai ajudá-lo a compreender alguns conceitos que são muito importantes para a sua empresa.

Os tributos são o tema do Capítulo 4. Conceitua, de maneira clara, os atributos a que uma empresa está submetida, bem como exemplifica os cálculos a serem feitos sobre as respectivas alíquotas.

Os Capítulos 5 e 6 dizem respeito a operações de financiamento e crescimento, e a fontes de empréstimo e o capital social. O Capítulo 5 descreve um ciclo de vida típico de uma empresa bem-sucedida — a partir de seu lançamento, passando por seu crescimento, até a maturidade — e as fontes de financiamento a que as empresas recorrem em cada fase. O Capítulo 6 descreve os mercados financeiro e de capital para os quais se voltam as empresas em crescimento à medida que se tornam entidades maiores e mais confiáveis. São discutidas as ofertas públicas iniciais (IPO Inicial Public Offerings), o papel dos banqueiros de investimento e as garantias do mercado.

Poucas empresas funcionam com êxito sem um bom orçamento, o tema do Capítulo 7. Os orçamentos são importantes ferramentas para o planejamento, a coordenação, o monitoramento e a avaliação do desempenho. Este capítulo fornece um guia prático para a elaboração de orçamentos, e explica passo a passo como você pode criar orçamentos operacionais e de caixa para sua empresa ou unidade de negócios.

O Capítulo 8 apresenta os instrumentos financeiros que você pode usar para tomar decisões melhores em relação a investimentos internos e externos. Qual é o retorno sobre o investimento de um novo empreendimento? Quanto tempo levará para se recuperar um investimento? Quantas unidades terão de ser vendidas e a que preços para que simplesmente se chegue ao ponto de equilíbrio? O Capítulo 9 apresenta ferramentas ainda mais poderosas para a tomada de decisão: valor presente líquido (VPL) e taxa interna de retorno (TIR). Estas ferramentas baseadas no valor temporal dos conceitos de dinheiro serão úteis nas mais diversas esferas de análise e tomada de decisão.

Por fim, o Capítulo 10 trata da avaliação. Quanto vale uma empresa? Como se pode estimar o valor de uma unidade operacional que você planejou comprar ou vender? Um tema importante e técnico, a avaliação geralmente é uma área de especialistas. Mas, como muitas questões relevantes dos negócios, esta é importante demais para ser deixada unicamente com os especialistas. Como administrador, você deve estar familiarizado com as diferentes abordagens de avaliação, com seus pontos fortes e fracos. Aqui você encontrará estas informações.

Como toda disciplina, as finanças têm um vocabulário próprio. Parte da batalha travada para dominar as finanças resume-se a compreender essa linguagem e familiarizar-se com seu uso. No final do livro, você encontrará um glossário dos principais termos. Cada novo termo é grifado quando aparece pela primeira vez no texto do livro, indicando que sua definição pode ser encontrada no Glossário.

Caso queira aprender mais sobre algum tópico abordado nestes capítulos, fornecemos uma seção de Leituras adicionais, também no final do livro. Você encontrará referências a livros, artigos e, ocasionalmente, a material didático da Harvard Business School, que estão disponíveis em inglês para o público em www.hbsp.harvard.edu.

Podemos também consultar, o *site* oficial da Harvard Business Essentials, www.elearning.hbsp.org/businesstools, que oferece, em inglês, versões interativas gratuitas das ferramentas apresentadas nesta série.

O conteúdo deste livro baseia-se em vários livros, artigos e produções *online* da Harvard Business School Publishing, em particular: notas de aula preparadas por William J. Bruns sobre contabilidade, leitura e interpretação de demonstrações financeiras; por Michael J. Roberts sobre técnicas de avaliação e tributação das várias formas jurídicas de empresas, e Robert S. Kaplan sobre o custeio por atividade; e módulos sobre finanças, demonstrações financeiras e elaboração de orçamentos da Harvard ManageMentor®, um serviço *on line*.

1

Demonstrações financeiras

Os elementos das finanças gerenciais

Principais tópicos abordados neste capítulo

- *Balanço patrimonial*
- *Demonstração de resultado*
- *Demonstrações de fluxo de caixa*
- *Alavancagem financeira*
- *A estrutura financeira da empresa*

O QUE SUA EMPRESA POSSUI, e o que ela deve aos outros? Quais são suas fontes de receita e como tem utilizado seu dinheiro? Qual foi o lucro? Qual é o estado da saúde financeira de sua empresa? Este capítulo o ajudará a responder a estas perguntas, explicando as três demonstrações financeiras básicas: o balanço patrimonial, a demonstração de resultados e a demonstração de fluxo de caixa. O capítulo também o ajudará a compreender algumas das questões gerenciais implícitas nessas demonstrações e ampliar seu *know-how* em finanças por meio da discussão de dois conceitos importantes: alavancagem financeira e estrutura financeira da empresa.

Por que ter demonstrações financeiras?

As demonstrações financeiras são documentos essenciais nos negócios. Os executivos as usam para avaliar o desempenho e identificar as áreas em que é preciso haver intervenção gerencial. Os acionistas as utilizam para saber se seu capital está sendo bem administrado. Os investidores externos se servem delas para identificar oportunidades. E os credores e fornecedores as examinam rotineiramente para determinar a situação creditícia das empresas com as quais negociam.

A Comissão de Valores Mobiliários (SEC, Securities and Exchange Commission, nos EUA, CVM no Brasil) exige que as empresas de capital aberto apresentem demonstrações financeiras que devem estar disponíveis para todos, como parte da política de divulgação da CVM para este tipo de empresa. As que não têm capital aberto não estão incluídas nesta exigência, mas, mesmo assim, os acionistas privados e banqueiros esperam que se produzam demonstrações financeiras.

As demonstrações financeiras seguem um formato padrão. Embora itens específicos possam variar de acordo com a natureza dos negócios de uma empresa, as demonstrações em geral são suficientemente semelhantes para que você possa comparar o desempenho de uma companhia com o de outra.

O balanço patrimonial

A maioria das pessoas vai ao médico uma vez por ano para fazer um *check-up* — como uma foto instantânea de seu estado físico em um determinado momento. Assim também as empresas preparam balanços patrimoniais como uma forma de resumir sua situação financeira em um determinando momento, em geral no fim do mês, do trimestre ou ano fiscal.

Na verdade, o balanço patrimonial descreve os ativos controlados pela empresa e como esses ativos são financiados — com os fundos de credores (passivos), com o capital de seus proprietários ou acionistas, ou com ambos. Um balanço patrimonial reflete a seguinte equação básica de contabilidade:

Ativos = Passivos + Patrimônio dos acionistas

Os *ativos* da equação são as coisas em que uma empresa investe para que possa conduzir seus negócios. Os exemplos incluem dinheiro e instrumentos financeiros, estoques de matéria-prima e bens acabados, bens imobiliários, terras e equipamento. Os ativos também incluem o dinheiro devido à empresa por clientes e outros — uma categoria de ativos conhecida como *contas a receber*.

Agora vejamos o outro lado da equação, começando pelos passivos. Para adquirir os ativos necessários, uma empresa freqüentemente toma dinheiro emprestado ou promete pagar aos fornecedores por vários bens e serviços. O dinheiro devido aos credores é chamado de *passivo*. Por exemplo, uma empresa de computadores adquire placas-mãe no valor de US$1 milhão de um fornecedor de componentes eletrônicos, com o pagamento faturado para trinta dias. Ao fazer isso, a empresa de computadores aumenta seus ativos em estoque em US$1 milhão e seu passivo — na forma de *contas a pagar* — na mesma quantia. A equação fica em equilíbrio. Do mesmo modo, se a mesma empresa tivesse tomado US$100.000 emprestados de um banco, a entrada de caixa aumentaria seus ativos em US$100.000, e seu passivo no mesmo valor.

O *patrimônio dos proprietários*, também conhecido como patrimônio dos acionistas, é o que resta depois que os passivos totais são deduzidos dos ativos totais. Assim, uma empresa que tem US$3 milhões em ativos totais e US$2 milhões em passivos totais teria um patrimônio líquido dos acionistas de US$1 milhão.

Ativos – Passivos = Patrimônio dos acionistas

US$3.000.000 – US$2.000.000 = US$1.000.000

Se US$500.000 desses mesmos ativos da empresa não cobertos por seguro fossem queimados num incêndio, seus passivos continuariam os mesmos, mas o patrimônio dos acionistas — o que resta depois que todas as exigências são satisfeitas — seria reduzido em US$500.000:

Ativos – Passivos = Patrimônio dos acionistas

US$2.500.000 – US$2.000.000 = US$500.000

Assim, o balanço patrimonial equilibra os ativos e passivos de uma empresa. Observe, por exemplo, como os ativos totais igualam os passivos totais e o patrimônio dos acionistas no balanço patrimonial da Amalgamated Hat Rack, uma empresa cujas finanças serão analisadas em muitos capítulos deste livro (Tabela 1.1). O balanço patrimonial também descreve quanto a empresa investiu em ativos, e em que o dinheiro foi investido. Além disso, o balanço patrimonial indica quanto destes investimentos financeiros em ativos vem dos credores (passivos) e quanto vem dos acionistas (patrimônio). A análise do balanço patrimonial pode dar uma idéia do nível de eficiência de uma empresa na utilização de seus ativos e mostrar se está administrando bem os seus passivos.

TABELA 1.1
Balanço Patrimonial da Amalgamated Hat Rack de 31 de dezembro de 2002 (em US$)

	2002	2001	Aumento (Redução)
Ativos			
Caixa e títulos negociáveis	355.000	430.000	(75.000)
Contas a receber	555.000	512.000	43.000
Estoque	835.000	755.000	80.000
Despesas pagas antecipadamente	123.000	98.000	25.000
Ativos circulantes totais	1.868.000	1.795.000	73.000
Propriedade, instalações e equipamentos brutos	2.100.000	1.900.000	200.000
Menos: depreciação acumulada	333.000	234.000	(99.000)
Propriedade, instalações e equipamento líquidos	1.767.000	1.666.000	101.000
Ativos totais	3.635.000	3.461.000	174.000
Passivos e patrimônio dos acionistas			
Contas a pagar	450.000	430.000	20.000
Despesas provisionadas	98.000	77.000	21.000
Imposto de renda a pagar	17.000	9.000	8.000
Dívida de curto prazo	435.000	500.000	(65.000)
Passivos circulantes totais	1.000.000	1.016.000	(16.000)
Dívida de longo prazo	750.000	660.000	90.000
Total de passivos	1.750.000	1.676.000	74.000
Capital integralizado	900.000	850.000	50.000
Lucros acumulados	985.000	935.000	50.000
Patrimônio total dos acionistas	1.885.000	1.785.000	100.000
Total de passivos e patrimônio dos acionistas	3.635.000	3.461.000	174.000

Fonte: HMM Finance.

Os dados do balanço patrimonial são muito úteis quando comparados com a mesma informação de um ou de vários anos anteriores. Considere o balanço patrimonial da Amalgamated Hat Rack. Primeiro, essa demonstração representa a posição financeira da empresa em um determinado momento: em 31 de dezembro de 2002. Uma comparação dos números de 2001 com os de 2002 mostra que a Amalgamated está seguindo um rumo positivo: ela aumentou o patrimônio dos acionistas em aproximadamente US$100.000.

Ativos

É preciso entender alguns detalhes desta demonstração financeira específica. O balanço patrimonial começa listando os ativos que são mais facilmente convertidos em caixa: dinheiro à mão e títulos negociáveis, contas a receber e estoque. Estes são os chamados *ativos circulantes.* Em geral, os ativos circulantes são aqueles que podem ser convertidos em dinheiro no prazo de um ano.

A seguir, o balanço patrimonial computa outros ativos que são mais difíceis de converter em dinheiro — por exemplo, prédios e equipamentos. Estes são os chamados ativos de instalações, ou, mais freqüentemente, *ativos fixos* (porque é difícil convertê-los em dinheiro).

Uma vez que a maior parte dos ativos fixos, exceto terrenos, se deprecia — ou perde valor — com o passar do tempo, a empresa deve reduzir o valor declarado desses ativos fixos por meio de algo chamado depreciação acumulada. Propriedade, instalações e equipamentos brutos menos a depreciação acumulada é igual ao valor contábil corrente da propriedade, das instalações e dos equipamentos.

Algumas empresas listam o renome comercial, ou seja o valor subjetivo do negócio, entre os ativos. Se uma empresa comprou outra por um preço acima do valor justo de mercado para seus ativos, o chamado renome comercial é registrado como um ativo. Contudo, isto é, no fundo, uma ficção contábil. O valor subjetivo do negócio ou seu renome também podem representar coisas intangíveis, como uma marca ou a excelente reputação adquirida pela empresa. Isso pode ter valor real, da mesma forma que outros ativos intangíveis, como as patentes.

Por fim, chegamos à última linha de nosso balanço patrimonial, os ativos totais. Eles representam a soma dos ativos circulantes e fixos.

Passivos e patrimônio dos acionistas

Agora vamos analisar a contraparte daqueles ativos, começando por uma categoria chamada passivos circulantes. O *passivo circulante* representa as obrigações para com credores e outros, em geral deve ser pago em um ano; ele inclui papéis de dívida de curto prazo, salários, impostos e outras contas a pagar. As obrigações da amortização de um empréstimo de longo prazo referentes àquele ano também são relacionadas no passivo circulante.

Ao subtrair o passivo circulante do ativo circulante, obtém-se o capital de giro líquido da empresa. O *capital de giro líquido* é a quantidade de dinheiro que a empresa vinculou a suas atividades operacionais correntes (isto é, de curto prazo). O valor adequado depende do setor e dos planos da empresa. Em seu balanço patrimonial mais recente, a Amalgamated tinha US$ 868.000 em capital de giro líquido.

Os passivos de longo prazo em geral são títulos e hipotecas — dívidas que a empresa é obrigada por contrato a honrar, com relação aos juros e ao principal.

De acordo com a equação contábil mencionada anteriormente, os ativos totais devem ser iguais aos passivos totais mais o patrimônio dos acionistas. Assim, subtraindo os passivos totais dos ativos totais, o balanço patrimonial chega a um número que representa o patrimônio dos acionistas ou donos. O patrimônio dos acionistas compreende os *lucros acumulados* (lucros líquidos acumulados no balanço patrimonial de uma empresa depois que todos os dividendos foram pagos) e o capital integralizado (capital recebido em troca de ações).

Valores históricos

Os valores representados em muitas categorias de balanços patrimoniais podem não corresponder a seus valores reais de mercado. Com exceção de itens como caixa, contas a receber e contas a pagar, a medição de cada classificação raramente será igual ao que mostra o valor corrente real. Isso porque a contabilidade deve registrar a maioria dos itens com seu custo histórico. Se, por exemplo, o balanço patrimonial de XYZ indicasse o valor do terreno em US$700.000, este número representaria o que a XYZ pagou pela terra no passado. Se o terreno tivesse sido comprado no centro de San Francisco na década de 1960, pode apostar que agora valeria muito mais do que o valor declarado no balanço. Então por que os contadores usam os valores históricos em vez dos valores de mercado? A resposta simples é que dos males, o menor. Se os valores de mercado fossem exigidos, toda empresa de capital aberto precisaria de uma avaliação profissional de cada uma de suas propriedades, dos estoques em depósito e assim por diante — e teria de fazer isso todo ano. E quantas pessoas confiariam nessas avaliações? De modo que ficamos com os valores históricos no balanço patrimonial.

Questões gerenciais

Embora seja preparado por contadores, o balanço patrimonial representa várias questões importantes para administradores.

CAPITAL DE GIRO. Os gerentes financeiros dão grande atenção ao nível de capital de giro, que naturalmente se expande e se contrai com as atividades de vendas. Muito pouco capital de giro pode colocar a empresa em uma posição ruim: a empresa pode ser incapaz de pagar suas contas ou de aproveitar oportunidades lucrativas. Capital de giro demais, por outro lado, reduz a lucratividade, uma vez que o capital tem um custo financeiro — ele precisa ser financiado de algum modo, em geral por meio de empréstimos a juros.

O estoque é um componente do capital de giro que afeta diretamente muitos gerentes não-financeiros. Assim como acontece com o capital de giro, há uma tensão entre ter estoque demais e de menos. Ter muito estoque à mão resolve muitos problemas da empresa: ela pode atender a pedidos dos clientes sem atraso, e um bom estoque proporciona uma proteção contra eventuais paralisações da produção e greves. O lado negativo de um estoque grande é ter que financiar o custo e o risco de uma deterioração do valor de mercado do próprio estoque. Todo produto em excesso no depósito acrescenta custos financeiros à empresa, o que reduz os lucros. E todo item que fica na prateleira pode se tornar obsoleto ou menos vendável com o passar do tempo — novamente, com um impacto negativo na lucratividade.

O setor de computadores pessoais fornece um exemplo claro de como o excesso de estoque pode arruinar o resultado líquido. Alguns analistas estimam que o valor do estoque de bens acabados se dissipa a uma taxa aproximada de 2% *ao dia*, por causa da obsolescência técnica neste setor de rápido desenvolvimento. A desintegração do valor dos estoques realmente afetou a Apple em meados da década de 1990, antes que ela os reduzisse drasticamente por meio de uma reengenharia operacional. A Apple tinha produtos excepcionais e fãs ardorosos, mas terminou o ano de 1996 com quase US$700 milhões amarrados em estoques. Este excesso causou prejuízos ao resultado líquido da Apple, na medida em que os componentes obsoletos e bens acabados tinham de ser despejados no mercado com imensos descontos. Em comparação, sua rival, a Dell, operava *sem nenhum* estoque de bens acabados e com um estoque insignificante de componentes. A fórmula de sucesso da Dell foi um sistema de cadeia de fornecedores/montagem extremamente veloz que montava PCs rapidamente, de acordo com especificações do cliente, à medida que os pedidos eram recebidos. Nada era construído até que a empresa tivesse em mãos um pedido específico de um cliente. Os PCs montados da Dell não terminavam em prateleiras de depósito por semanas a fio, iam diretamente da linha de montagem para os caminhões de entrega. A lição proveitosa para os gerentes é muito clara: organize suas operações de modo a minimizar ou eliminar os estoques.

ALAVANCAGEM FINANCEIRA. Você provavelmente já ouviu alguém dizer: "É uma situação altamente alavancada". Você sabe o que significa "alavancada" no sentido financeiro? *Alavancagem financeira* refere-se ao uso de dinheiro emprestado na aquisição de um ativo. Dizemos que uma empresa é altamente alavancada quando a porcentagem da dívida em seu balanço patrimonial é alta em relação ao capital investido pelos acionistas. Por exemplo, suponha que você pague US$400.000 por um ativo, usando US$100.000 de seu próprio dinheiro e US$300.000 de fundos emprestados. Para simplificar, vamos ignorar o pagamento de empréstimos, impostos e qualquer fluxo de caixa que você possa obter com o investimento. Quatro anos se passam, e seu ativo foi avaliado em US$500.000. Você decide vender. Depois de pagar os US$300.000 do empréstimo, você termina com US$200.000 em seu bolso (seus US$100.000 iniciais mais um lucro de US$100.000). Isso representa um ganho de 100% sobre seu capital pessoal, embora o valor do ativo tenha aumentado apenas 25%. A alavancagem financeira torna isso possível. Por outro lado, se você tivesse financiado a compra inteiramente com seus próprios fundos (US$400.000), teria terminado com um ganho de apenas 25%. (A *alavancagem operacional*, por sua vez, refere-se à proporção dos custos operacionais fixos da empresa em relação aos variáveis. Por exemplo, uma empresa que depende muito de maquinaria e de muito poucos trabalhadores para produzir seus bens tem uma alavancagem operacional alta.)

Onde estão os ativos humanos?

Quando lêem as demonstrações financeiras para tentar conhecer as empresas, muitas pessoas questionam a capacidade do balanço patrimonial tradicional de refletir o valor do capital humano e seu potencial de lucro. Isto vale particularmente para as empresas de conhecimento intensivo, em que o *know-how* da força de trabalho, a propriedade intelectual, o valor da marca e as relações com os clientes são os verdadeiros ativos produtivos. Infelizmente, esses ativos intangíveis não são encontrados no balanço patrimonial.

A crescente incapacidade dos balanços de refletir um valor real levou o presidente do conselho do Federal Reserve (o Banco Central americano), Alan Greenspan, a se queixar, em janeiro de 2000, de que a contabilidade não conseguia identificar investimentos em "ativos de conhecimento". O ex-presidente da SEC, Arthur Levitt, fez coro com Greenspan: "À medida que os ativos intangíveis crescem em tamanho e abrangência, mais e mais pessoas estão questionando se o valor real — e os geradores desse valor — estão sendo refletidos de modo adequado na divulgação disponível para o público." De fato, um estudo feito por Baruch Lev, da Universidade de Nova York, descobriu que 40% da valorização de mercado de uma empresa média não aparecia no balanço patrimonial. Para as empresas de alta tecnologia, o número era superior a 50%.

A conseqüência dessas descobertas para os investidores e gerentes é que eles devem olhar para além dos bens, equipamentos e até do caixa, que tradicionalmente constituem os ativos do balanço, e focalizar nos ativos ocultos que produzem o maior valor para os acionistas. Em muitos casos, estes ativos são as pessoas que criam os vínculos entre a empresa e seus clientes, que criam inovações pelas quais os consumidores estão ávidos para pagar, e que sabem como fazer outros trabalharem juntos de forma produtiva. A categoria dos contadores está começando a debater os prós e contras de incluir esses ativos intangíveis em demonstrações financeiras. Devemos aguardar novidades neste setor.

A alavancagem financeira cria uma oportunidade para uma empresa ganhar um retorno maior sobre o capital investido por seus proprietários. Nos Estados Unidos e na maioria dos outros países, a política fiscal torna a alavancagem financeira ainda mais atraente por permitir que as empresas deduzam os juros pagos sobre os empréstimos. Mas a alavancagem pode ser uma faca de dois gumes. Se o valor de um ativo cai (ou não consegue produzir o nível previsto de receita), a alavancagem funciona contra o seu proprietário. Considere o que aconteceria em nosso exemplo se o valor do ativo caísse US$100.000, ou seja, para US$300.000. O proprietário perderia todo o seu investimento de US$100.000 depois de pagar o empréstimo inicial de US$300.000.

ESTRUTURA FINANCEIRA DA EMPRESA. O potencial negativo da alavancagem financeira é o que impede que os CEOs (principais executivos das empresas), seus executivos financeiros e membros do conselho maximizem o financiamento de sua dívida. Em vez disso, eles procuram uma estrutura financeira que crie, no balanço patrimonial, um equilíbrio realista entre dívida e patrimônio. Embora a alavancagem melhore a lucratividade potencial de uma empresa, desde que as coisas dêem certo, os gerentes sabem que cada dólar de dívida aumenta o risco para a empresa — por causa do perigo já mencionado e também porque a dívida alta resulta em pagamento de juros altos, que devem ser pagos nos bons e nos maus tempos. Muitas empresas fracassaram quando os reveses nos negócios, ou as recessões, reduziram sua capacidade de fazer os pagamentos de seus empréstimos nos prazos determinados.

Quando credores e investidores examinam os balanços de uma empresa, eles procuram atentamente o índice de endividamento. Eles compensam o risco do balanço com os juros que cobram sobre os empréstimos e com o retorno que exigem dos títulos de uma empresa. Assim, uma empresa altamente alavancada pode ter de pagar 14% sobre fundos emprestados em vez dos 10 a 12% pagos por um concorrente menos alavancado. Os investidores também exigem uma taxa de retorno mais alta para seus investimentos em ações de empresas altamente alavancadas. Eles não aceitarão grandes riscos sem uma expectativa de retorno proporcionalmente grande.

A demonstração de resultados

A demonstração de resultados indica os resultados das operações em um período determinado. Estas duas últimas palavras são importantes. Ao contrário do balanço, que é um instantâneo da posição da empresa *em um momento do tempo*, a demonstração de resultados indica os resultados acumulados da empresa em um contexto temporal definido. Ela lhe diz se a empresa está lucrando — isto é, se tem renda líquida positiva ou negativa (lucro líquido). É por isso que a demonstração de resultados é com freqüência chamada de um *demonstrativo de lucros e perdas*, ou L&P. Ele mostra a lucratividade de uma empresa no fim de um determinado período — em geral no fim do mês, do trimestre ou do ano fiscal da empresa. Além disso, a demonstração de resultados diz quanto dinheiro a empresa gastou para ter esse lucro — e a partir daí você pode determinar a *margem de lucro* da empresa.

Como fizemos com o balanço patrimonial, podemos representar o conteúdo da demonstração de resultados por meio de uma equação simples:

Receitas – Despesas = Renda líquida (ou Perda líquida)

Uma demonstração de resultados começa com as *receitas* da empresa: a quantidade de dinheiro que resulta da venda de produtos ou serviços aos clientes. Uma empresa pode ter também outras receitas. Em muitos casos, elas provêm de investimentos ou renda de juros de seus valores mobiliários.

Vários custos e despesas — dos custos de produzir e armazenar os bens de uma empresa a depreciação de fábrica e equipamentos, despesas de juros e impostos — são então deduzidos das receitas. O resultado líquido — o que resta — é a *renda líquida*, ou *lucro líquido* ou ganhos líquidos, para o período da demonstração.

Considere o significado de vários itens na demonstração de resultados da Amalgamated Hat Rack (Tabela 1.2). O *custo de produtos vendidos* é quanto custa à Amalgamated fabricar seus cabides para chapéus. Este número inclui o custo de matéria-prima, como a madeira, assim como o custo de transformá-la em produtos acabados, inclusive os custos diretos de mão-de-obra. Ao deduzir o custo dos produtos vendidos da receita de vendas, temos o lucro bruto da empresa — a estimativa mais aproximada da lucratividade da empresa.

A próxima categoria importante do custo é a das *despesas operacionais*. As despesas operacionais incluem os salários de funcionários administrativos, aluguéis, vendas e custos de marketing, bem como outros custos da empresa que não podem ser atribuídos diretamente ao custo de fabricação de um produto. A madeira para fazer os cabides para chapéus *não* será incluída aqui; o custo de publicidade e os salários dos funcionários da Amalgamated, sim.

TABELA 1.2

Demonstração de resultados da Amalgamated Hat Rack para o ano fiscal encerrado em 31 de dezembro de 2002 (em US$)

Vendas no varejo	US$2.200.000
Vendas no atacado	US$1.000.000
Total da receita de vendas	US$3.200.000
Menos: Custo de produtos vendidos	US$1.600.000
Lucro bruto	US$1.600.000
Menos: Despesas operacionais	US$800.000
Despesa de depreciação	US$42.500
Lucro antes dos juros e impostos	US$757.500
Menos: Despesa de juros	US$110.000
Lucro antes do imposto de renda	US$647.500
Menos: Imposto de renda	US$300.000
Lucro líquido	US$347.500

Fonte: HMM Finance.

A depreciação entra na demonstração de resultados como despesa, embora não envolva pagamentos desembolsados. Como explicamos anteriormente, a depreciação é uma forma de estimar o "gasto" de um ativo, ou o valor decrescente do equipamento ao longo do tempo. Um computador, por exemplo, perde cerca de um terço de seu valor a cada ano. Assim, a empresa não gasta todo o valor do computador no primeiro ano de sua compra, mas na verdade o utiliza durante um período de três anos. A idéia por trás da depreciação é poupar dinheiro suficiente para um dia substituir um ativo esgotado.

Ao subtrair as despesas operacionais e a depreciação do lucro bruto, obtemos os *lucros operacionais*. Esses ganhos são chamados freqüentemente de *lucros antes dos juros e impostos*, ou Lajir.

Vamos agora para as últimas subtrações no rumo seguido pela receita em seu caminho para o resultado líquido. A despesa de juros reflete os juros cobrados sobre os empréstimos que uma empresa tenha contraído. O imposto de renda, imposto arrecadado pelo governo sobre a renda da empresa, é o encargo final.

As receitas que restam são chamadas de renda líquida, ou ganhos. Se a renda líquida é positiva — como no caso da Amalgamated — temos um lucro, o objetivo de uma empresa de fins lucrativos.

Entendendo a demonstração de resultados

Como no caso do balanço patrimonial, nossa análise da demonstração de resultados de uma empresa fica muito mais fácil quando abrange mais de um período. Isso nos permite ver tendências e viradas. A maioria dos relatórios anuais disponibiliza os dados multiperíodo, quase sempre remontando a cinco anos ou mais. A demonstração de resultados da Amalgamated na forma multiperíodo está representada na Tabela 1.3.

Neste formato plurianual, observamos que as vendas anuais no varejo da Amalgamated cresceram de forma constante, enquanto suas vendas no atacado estagnaram e até caíram um pouco. As despesas operacionais permaneceram quase iguais, mesmo com um aumento das vendas totais. Este é um bom sinal de que a gerência está se mantendo firme no custo dos negócios. A despesa de juros da empresa também caiu, talvez porque tenha pago um de seus empréstimos. O resultado líquido, a renda líquida, mostrou um crescimento saudável.

A demonstração de fluxo de caixa

A *demonstração de fluxo de caixa*, a última das três demonstrações financeiras básicas, é também a menos usada e compreendida. A demonstração detalha os motivos por que a quantidade de caixa (e equivalentes de caixa) mudaram durante o período contábil. Mais especificamente, ela reflete todas as mudanças em caixa que são afetadas por atividades operacionais, investimentos e atividades financeiras. Como o extrato bancário que você recebe para verificar sua conta, a demonstração de fluxo de caixa informa quanto dinheiro estava disponível no início do período, e quanto estava disponível no fim. Ela então descreve como a empresa adquiriu e gastou dinheiro em um determinado período. Os usos do dinheiro são registrados como números negativos, e as fontes são registradas como números positivos.

TABELA 1.3
Demonstração de resultados multiperíodo da Amalgamated Hat Rack (em US$)

	Para o período encerrado em 31 de dezembro			
	2002	**2001**	**2000**	**1999**
Vendas no varejo	2.200.000	2.000.000	1.720.000	1.500.000
Vendas no atacado	1.000.000	1.000.000	1.100.000	1.200.000
Total da receita de vendas	3.200.000	3.000.000	2.820.000	2.700.000
Menos: Custo de produtos vendidos	1.600.000	1.550.000	1.400.000	1.300.000
Lucro bruto	1.600.000	1.450.000	1.420.000	1.400.000
Menos: Despesas operacionais	800.000	810.000	812.000	805.000
Despesas de depreciação	42.500	44.500	45.500	42.500
Lucro antes dos juros e impostos	757.500	595.500	562.500	552.500
Menos: Despesas com juros	110.000	110.000	150.000	150.000
Lucro antes do imposto de renda	647.500	485.500	412.500	402.500
Menos: Imposto de renda	300.000	194.200	165.000	161.000
Lucro líquido	347.500	291.300	247.500	241.500

Se você é um gerente de uma grande empresa, as mudanças no fluxo de caixa da companhia não terão, em geral, um impacto em seu trabalho cotidiano. Mesmo assim, é uma boa idéia manter-se informado a respeito das projeções do fluxo de caixa de sua empresa, porque elas podem ter importância quando você estiver preparando o orçamento para o ano seguinte. Por exemplo, se o dinheiro está apertado, você provavelmente desejará ser moderado em seus gastos. Mas se a empresa está nadando em dinheiro, você pode ter oportunidades de fazer novos investimentos. Se você é um gerente de uma pequena empresa ou seu proprietário, provavelmente tem plena consciência de sua situação de fluxo de caixa e sente seu impacto quase que diariamente.

A demonstração de fluxo de caixa é útil porque indica se sua empresa está transformando as contas a receber em caixa — e esta capacidade é, em última análise, o que manterá sua empresa solvente. A *solvência* é a capacidade de pagar as contas em dia.

Como fizemos com as outras demonstrações, podemos representar a demonstração de fluxo de caixa nos termos de uma equação simples:

Fluxo de caixa proveniente dos lucros + outras fontes de dinheiro — usos do dinheiro = mudança no caixa

Novamente usando o exemplo da Amalgamated Hat Rack, vemos que, na demonstração de fluxo de caixa de 2002, a empresa gerou um fluxo de caixa positivo de US$377.900 (Tabela 1.4). A demonstração revela que os fluxos de caixa de operações (US$283.900), mais aqueles provenientes de atividades de investimento (US$92.000) e de atividades financeiras (US$2.000), produziram US$377.000 em caixa adicional.

A demonstração de fluxo de caixa não mede a mesma coisa que a demonstração de resultados. Se não existe transação de caixa, então esta não pode ser refletida em uma demonstração de fluxo de caixa. Observe, contudo, que a renda líquida no alto da demonstração de fluxo de caixa é igual ao resultado líquido da demonstração de resultados — é o lucro da empresa. Por meio de uma série de ajustes, a demonstração de fluxo de caixa traduz essa renda líquida em uma base de caixa.

O formato da demonstração reflete as três categorias de atividades que afetam o caixa. O caixa pode ser aumentado ou reduzido por causa de: 1) operações, 2) a aquisição ou venda de ativos, isto é, investimento, ou 3) mudanças na dívida ou no capital social, ou outras atividades de financiamento. Vamos analisar cada uma delas em separado, começando pelas operações:

TABELA 1.4
Demonstração de fluxo de caixa da Amalgamated Hat Rack, 2002 (em US$)

Resultado líquido	347.500
Ativos e passivos operacionais	
Contas a receber	(75.600)
Estoque de produtos acabados	(125.000)
Despesas antecipadas	(37.000)
Contas a pagar	83.000
Despesas a pagar	25.000
Imposto de renda a pagar	(23.000)
Despesa de depreciação	89.000
Mudanças totais em ativos e passivos operacionais	(63.600)
Fluxo de caixa de operações	283.900
Atividades de investimento	
Venda de propriedade, instalações e equipamento	267.000
Gasto de capital	(175.000)
Fluxo de caixa de atividades de investimento	92.000
Atividades financeiras	
Aumento da dívida de curto prazo	27.000
Empréstimo de longo prazo	112.000
Capital social	50.000
Dividendos para acionistas	(187.000)
Fluxo de caixa de atividades financeiras	2.000
Aumento no caixa durante o ano	377.900

Fonte: HMM Finance.

- As contas a receber e o estoque de produtos acabados representam itens que a empresa produziu, mas pelos quais não recebeu pagamento. As despesas antecipadas representam itens pelos quais a empresa pagou, mas não consumiu. Todos estes itens são subtraídos do fluxo de caixa.

- As contas a pagar e despesas a pagar representam itens que a empresa já recebeu ou usou, mas pelos quais ainda não pagou. Conseqüentemente, esses itens são acrescentados ao fluxo de caixa.

Agora considere os investimentos. As atividades de investimento incluem o seguinte:

- Ganhos obtidos com a venda de instalações, propriedades e equipamentos.
- Dinheiro que a empresa usa para investir em instrumentos financeiros e instalações, propriedade e equipamento (esses investimentos em instalações, propriedade e equipamento são freqüentemente mostrados como gastos de capital).

A demonstração de fluxo de caixa revela que a Amalgamated vendeu um prédio por US$267.000 e teve gastos de capital de US$175.000 para um acréscimo líquido ao fluxo de caixa de US$92.000.

Por fim, chegamos às mudanças de fluxo de caixa provenientes de atividades financeiras. A Amalgamated levantou dinheiro aumentando sua dívida de curto prazo, tomando empréstimos nos mercados de capital e emitindo ações, aumentando assim seu fluxo de caixa disponível. Os dividendos que a Amalgamated paga (US$187.000), contudo, devem ser retirados do fluxo de caixa, e portanto representam uma diminuição em seu fluxo de caixa.

Onde encontrá-lo

Como mencionamos anteriormente, a Comissão de Valores Mobiliários exige que todas as empresas que negociam suas ações nos mercados financeiros americanos preparem e divulguem suas demonstrações financeiras em um relatório anual para os acionistas. A maioria dos relatórios anuais vai além da exigência de informação básica da Comissão, fornecendo uma análise das operações anuais e suas projeções. A maioria das empresas de capital aberto também divulga relatórios trimestrais.

Fluxo de caixa e lucro

Muita gente pensa que os lucros são fluxo de caixa. Não cometa este erro. Para um determinado período, o lucro pode ou não contribuir positivamente para o fluxo de caixa. Por exemplo, se esse lucro anual deriva de uma venda imensa feita em novembro, a venda pode ser contabilizada como receita no período fiscal — acrescentada, assim, ao lucro. Mas se o pagamento por essa venda não é recebido até o período contábil seguinte, ela vai para os livros como uma conta a receber, o que reduz o fluxo de caixa.

Se você está procurando mais material sobre sua empresa — ou sobre um de seus concorrentes — obtenha uma cópia do relatório anual. O relatório anual quase sempre contém informação abundante e reveladora sobre a estratégia de uma empresa, sua visão do mercado e seus clientes, seus produtos, seus principais riscos e desafios nos negócios, e assim por diante. Você pode obter relatórios anuais e trimestrais diretamente com o departamento de relações com o investidor da empresa.

Resumo

Este capítulo apresentou e explicou o balanço patrimonial, a demonstração de resultados e a demonstração de fluxo de caixa. Estas demonstrações oferecem três perspectivas sobre o desempenho financeiro de sua empresa. Elas contam três histórias diferentes, embora relacionadas, sobre o modo como sua empresa está se saindo financeiramente:

- O balanço patrimonial mostra a posição financeira de uma empresa em um momento específico. Isto é, fornece um instantâneo da situação financeira da empresa — seus ativos, patrimônio e passivos — em um determinado dia.
- A demonstração de resultados revela o resultado líquido: indica qual o lucro ou a perda gerados durante um período — um mês, um trimestre ou um ano.
- A demonstração de fluxo de caixa conta de onde o caixa da empresa veio e para onde foi — em outras palavras, o fluxo de caixa que entrou, atravessou e saiu da empresa.

Aqui está outra maneira de ver as inter-relações dessas demonstrações: a demonstração de resultados lhe diz se sua empresa está gerando lucro. O balanço patrimonial diz com que eficiência uma empresa está utilizando seus ativos e administrando seus passivos na busca de lucros. A demonstração de fluxo de caixa lhe diz como o dinheiro foi aumentado ou diminuído por meio de operações, aquisição ou venda de ativos, e de atividades de financiamento.

Juntas, essas demonstrações financeiras podem ajudá-lo a compreender o que está acontecendo em sua empresa ou em qualquer outra. O Capítulo 2 mostrará como você pode obter ainda mais discernimento nos negócios por meio de várias formas de análise.

2

Como entender o significado das demonstrações financeiras

Um olhar por trás dos números

Principais tópicos abordados neste capítulo

- *Lucratividade, atividades básicas e solvência*
- *Comparação das demonstrações financeiras de diferentes entidades*
- Balanced scorecards

O CAPÍTULO 1 EXPLICOU as três principais demonstrações financeiras e seus vários componentes. O Capítulo 2 fornece a você ferramentas para interpretar essas demonstrações e avaliar o desempenho da empresa. Além disso, apresenta uma abordagem relativamente nova na aferição dos aspectos não-financeiros da empresa, que em última análise prenunciam o desempenho financeiro.

Análise de índices

Muitas pessoas usam as demonstrações financeiras, e quase sempre por motivos muito diferentes. Os credores querem saber se uma empresa que está buscando fundos tem a capacidade de pagá-los. Os investidores estão interessados na estabilidade financeira, no poder de gerar lucros, e na probabilidade de os ganhos aumentarem ou diminuírem no futuro. Muitos funcionários potenciais usam as demonstrações financeiras para avaliar o desempenho no momento ou a situação financeira de um empresa antes de assinar um contrato de trabalho. Os órgãos reguladores freqüentemente precisam avaliar a saúde financeira e o desempenho de uma empresa ou de um setor.

Cada um desses usos das demonstrações financeiras é uma forma de análise financeira. A análise financeira em geral envolve um exame das relações, ou índices, entre itens encontrados nas demonstrações financeiras.[1] Esses índices ajudam a descrever a situação financeira de uma organização, a eficiência de suas atividades, sua lucratividade comparável e a percepção dos investidores, expressa por seu comportamento nos mercados financeiros. Os índices ajudam um analista ou um executivo a reconstituir a história que conta de onde veio a organização, sua situação atual e seu possível futuro. Na maioria dos casos, a história contada por esses índices é incompleta, mas é um começo. Os índices que se seguem são importantes em uma ampla gama de setores, mas são muito significativos quando comparados com os de outras empresas do mesmo setor.

Índices de lucratividade

Os índices de lucratividade associam a quantidade de renda obtida aos recursos usados para gerá-la. O ideal é que a empresa produza o máximo de renda possível a partir de uma determinada quantidade de recursos. Os índices de lucratividade que devem ser lembrados são o *retorno sobre os ativos* (ROA, de *return on assets*), o *retorno sobre o patrimônio* (ROE, de *return on equity*) e o *lucro por ação* (EPS, de *earnings per share*). Também discutido é o "retorno sobre o investimento" (ROI, de *return on investment*), uma expressão muito usada — e da qual se abusa muito na terminologia financeira.

O retorno sobre os ativos relaciona a renda líquida com a base total de ativos da empresa, e é descrito da seguinte maneira:

ROA = Lucro líquido/Ativos totais

O ROA relaciona o lucro líquido com o investimento em todos os recursos financeiros controlados pela gerência. É muito útil como uma medida do emprego eficaz do recurso — sem considerar como esses recursos foram obtidos ou financiados. Os analistas e investidores quase sempre comparam o ROA de uma empresa com o de outro grupo de concorrentes importantes para avaliar a eficácia da administração executiva. Por exemplo, se a empresa A tem um ROA de 12% e a empresa B tem um de 8%, isso indica algo positivo a respeito da gerência da empresa A.

O retorno sobre o patrimônio relaciona o lucro líquido com o total investido pelos acionistas. É uma medida do grau de eficiência com que os recursos dos acionistas são usados na empresa. O ROE é calculado da seguinte maneira:

ROE = Lucro líquido/Patrimônio dos acionistas

O "retorno sobre o investimento" é usado com freqüência em análises que envolvem lucratividade de empresas. Por exemplo, são comuns expressões como "Queremos um ROI de 12%". Infelizmente, não existe uma definição padrão para ROI, já que "investimento" pode ser entendido de muitas formas. O investimento pode representar os ativos comprometidos com uma determinada atividade, o percentual de posse dos acionistas ou os ativos investidos menos quaisquer passivos gerados por um projeto da empresa. O ROI pode também se referir à taxa interna de retorno, um cálculo muito específico do retorno, descrito no Capítulo 8. Assim, quando alguém usa a expressão "retorno sobre o investimento", *sempre* é necessário um esclarecimento. Pergunte: "Como você calcula o investimento?"

A margem de lucros antes dos juros e impostos (margem EBIT, de *earnings before interest and taxes*), mais conhecida como *margem operacional*, é usada por muitos analistas para avaliar a lucratividade das atividades operacionais de uma empresa. A margem operacional elimina da equação as despesas com juros e impostos sobre as quais a gerência financeira pode não ter controle, dando assim um indicador mais claro do desempenho da gerência. Para calcular a margem operacional, use esta fórmula:

Margem operacional = EBIT/Vendas líquidas

As empresas em geral têm muitos proprietários, e nem todos possuem um número igual de ações. Por esse motivo, é comum expressar os lucros em uma base por ação. O cálculo do Lucro Por Ação (LPA), ou EPS, pode ser complicado se houver mais de uma categoria de proprietários, e cada uma delas com diferentes participações na renda e nos ativos da empresa.[2] O índice de lucro por ação deve ser apresentado em relatórios publicados, quase sempre em diversas variações, como EPS "primários" ou "plenamente diluídos". Uma fórmula simplificada que contém todos os elementos para determinar o lucro por ação é a seguinte:

EPS plenamente diluído = (Lucro líquido – Dividendos de ações preferenciais)/ (Número de ações ordinárias + equivalentes)

A *margem de lucro* — às vezes chamada de *retorno sobre as vendas* (RSV), ou ROS (*return on sales*) — indica uma taxa de retorno sobre as vendas. Ela nos diz que porcentagem de cada dólar de vendas contribui para o resultado financeiro. A margem de lucro é calculada como da seguinte forma:

Margem de lucro = Lucro líquido/Vendas líquidas

Administradores e investidores observam atentamente as tendências da margem de lucros. Uma porcentagem ascendente indica que os clientes estão aceitando preços mais altos ou que a gerência está controlando melhor custos e despesas, ou ambos. Por outro lado, uma margem de lucro declinante pode ser um sinal de que a gerência está perdendo o controle sobre seus custos, ou de que a empresa está tendo que "se livrar do estoque" na forma de descontos para vender seus produtos ou serviços.

A tendência da margem de lucro de nossa empresa fictícia, a Amalgamated Hat Rack, mostra uma queda acentuada em 2002:

2002	2001	2000	1999
10,9%	20,1%	17,4%	17,3%

Por que a margem da empresa caiu quase à metade entre 2001 e 2002? Uma forma de chegar às possíveis respostas é determinar que categorias de custo ou despesa — ou impostos — aumentaram em relação à receita das vendas. Por exemplo, o exame das demonstrações de resultados da empresa, e um pouco de cálculo, indica que a empresa pagou mais impostos em relação às vendas em 2002 do que no ano anterior (9,4% contra 6,5%). Podemos também ver o custo dos produtos vendidos ou despesas operacionais por meio da mesma metodologia para encontrar uma resposta. Estes, ao contrário dos impostos, representam áreas sobre as quais a gerência tem um controle significativo.

Os investidores usam a análise de lucratividade para avaliar o futuro poder de lucro de uma empresa. Como mostra o exemplo, os gerentes podem usá-la para identificar áreas em que o desempenho está sendo inibido — de modo que possam tomar medidas corretivas.

Índices de atividade

Os índices de atividade fornecem uma indicação que permite saber se uma empresa utiliza bem os seus ativos. O uso eficiente desses ativos minimiza a necessidade de investimento pelos credores e acionistas. Menos investimento significa risco menor e custo menor. Dois índices de atividade com que muitos administradores precisam lidar com regularidade são os dias em aberto das *contas a receber* e o *giro de estoque.*

Os dias em aberto das contas a receber (às vezes chamados de período de recebimento) nos indica o tempo médio que se leva para receber pelas vendas feitas pela empresa. Como vimos anteriormente, um período de recebimento maior significa que mais capital de giro é necessário para tocar a empresa — capital de giro cuja carga de juros drena os lucros! Descobrimos os períodos de recebimento por meio de dois passos. O primeiro determina as vendas médias por dia:

Venda média diária = Vendas líquidas/365

Usamos esse resultado para chegar à nossa meta final:

Dias de contas a receber = Contas a receber/Venda média diária

Como em muitas formas de análise de índices, os dias de contas a receber nos proporcionam maiores *insights* quando os usamos para: 1) comparar uma empresa com outra ou com seu grupo similar de concorrente no setor ou 2) examinar uma tendência. Por exemplo, a Gateway e a concorrente Dell fabricam sob encomenda computadores pessoais. Ambas vendem diretamente aos clientes. Seus modelos de negócios são muito semelhantes. Assim, uma comparação dos dias de contas a receber nos diria qual a empresa mais eficaz no recebimento do dinheiro que possui. Da mesma forma, podemos examinar a tendência dos dias de contas a receber em uma ou outra empresa para determinar se o período de recebimento se tornou mais curto ou mais longo.

O *giro de estoque* é outro índice ao qual os administradores devem prestar atenção. Determinar o número de vezes em que o estoque é vendido e substituído durante o ano dá uma medida de sua liquidez e da capacidade da empresa de converter estoques em caixa rapidamente, se isso for necessário. Um giro lento pode indicar capital demais alocado em estoques. Esse capital custa dinheiro e, em áreas como tecnologia e vestuário, pode resultar em obsolescência do estoque. Os lucros melhoram quando o estoque flui rapidamente.

Você pode calcular o giro de estoque dividindo o custo dos produtos vendidos pelo custo do estoque. Se o custo do estoque mudou significativamente do início ao fim do período, você deve calcular ou estimar o estoque médio do período. Em geral, podemos simplesmente somar o estoque inicial e o final e usar a metade desse total como o estoque médio do período. Aqui está a fórmula:

Giro de estoque = Custo dos produtos vendidos/Estoque médio

Que nível de giro de estoque representa o gerenciamento eficaz? Não há uma resposta universal para esta pergunta, uma vez que o giro de estoque é essencialmente específico para cada setor. No negócio de varejo de alimentos, por exemplo, o giro de estoque é extremamente alto — itens que chegam às docas de recebimento pela manhã em geral saem pela porta da frente em sacolas de compras no final do mesmo dia. Um revendedor de carros, por outro lado, só pode girar seu estoque uma vez a cada período de algumas semanas. Um varejista de instrumentos musicais pode girar seu estoque somente três ou quatro vezes ao ano. Assim, é importante, novamente, examinar a tendência da taxa de giro e o modo como uma empresa se comporta em comparação com seus concorrentes no setor.

Índices de solvência

Quando uma organização é incapaz de cumprir com suas obrigações financeiras (isto é, quando não consegue pagar suas contas), diz-se que ela é insolvente. Como a insolvência leva a organização a uma situação de perigo, possivelmente à falência, ou até a liquidação dos negócios, os investidores e credores examinam detalhadamente os índices de solvência. Ao medirem a capacidade de uma empresa de cumprir com suas obrigações financeiras no prazo devido, os índices de solvência dão uma indicação de sua liquidez. O termo *liquidez*, em finanças, indica em que medida os ativos de uma empresa podem prontamente ser transformados em caixa para cumprir com as obrigações financeiras. O *índice de liquidez corrente* e o quociente absoluto de liquidez são comumente usados para esta aferição.

A fórmula do índice de liquidez corrente é simples:

Índice de liquidez corrente = Ativo circulante/Passivo circulante.

O índice de liquidez corrente que uma empresa saudável precisa manter depende da relação entre as entradas de caixa e as necessidades de pagamentos de caixa. Uma empresa que tem uma entrada de caixa contínua e confiável ou outros ativos líquidos, como uma empresa de utilidade pública ou de táxi, pode ser capaz de cumprir facilmente com as obrigações que estão vencendo apesar de um pequeno índice de liquidez corrente — digamos, de 1,10 (o que significa que a empresa tem US$1,10 em ativo circulante para cada US$1,00 de passivo circulante). Por outro lado, uma fábrica com ciclos longos de desenvolvimento de produto e de fabricação pode precisar manter um índice de liquidez corrente maior.

Para confirmar a liquidez absoluta de uma organização, um analista pode modificar o índice de liquidez corrente eliminando do ativo circulante tudo que não possa ser liquidado em um prazo muito curto. Em geral, este índice, chamado de quociente absoluto de liquidez, consiste no quociente entre os chamados ativos realizáveis a curto prazo (dinheiro, títulos negociáveis e contas a receber) e os passivos circulantes. O estoque é deixado de fora do cálculo.

Quociente absoluto de liquidez = Ativos realizáveis/Passivos circulantes

Paradoxalmente, uma empresa pode ter vários ativos a escolher — prédios de escritórios, frotas de caminhões de entrega e depósitos transbordando de estoques de produtos acabados — e ainda assim correr o risco de insolvência se seu quociente de ativos circulantes (ou realizáveis a curto prazo) for insuficiente para pagar as contas no prazo. Os credores não recebem pagamento em caminhões de entrega usados; eles querem dinheiro.

Como analisamos anteriormente, a proporção em que as atividades de uma empresa são sustentadas pelos passivos e pela dívida de longo prazo em oposição às contribuições dos acionistas é chamada de alavancagem. Uma empresa que tem uma alta proporção de dívidas em relação às contribuições dos acionistas é considerada altamente alavancada. Para os acionistas, a vantagem de ter uma dívida alta é que os retornos sobre seus investimentos reais podem ser desproporcionalmente mais altos quando a empresa lucra. Por outro lado, a alta alavancagem é negativa quando o fluxo de caixa cai, já que os juros sobre as dívidas são uma obrigação contratual — devem ser pagos em quaisquer circunstâncias. Uma empresa pode ser empurrada para a falência pelo peso dos pagamentos dos juros que incidem sobre suas dívidas pendentes.

O índice de endividamento é amplamente usado na análise financeira porque revela o efeito da alavancagem financeira. É calculado de maneiras diferentes, duas das quais são mostradas aqui. A mais simples é esta:

Índice de endividamento = Dívida total/Ativos totais

Uma alternativa é calcular o índice de endividamento/patrimônio líquido dividindo os passivos totais pelo total do patrimônio dos acionistas:

Índice de endividamento/Patrimônio líquido = Passivos totais/Patrimônio dos acionistas

Os analistas devem ter cuidado quando interpretam esses índices porque não existe uma medida absolutamente correta de dívida. Então, quando você ouvir alguém dizer que "o índice de endividamento/patrimônio líquido da empresa é de um para dois (ou 50%)", você deve perguntar o que ele está incluindo como dívida. A dívida totalmente financiada, isto é, toda a dívida que traz encargo de juros, é provavelmente a melhor medida da dívida.

Em geral, à medida que os índices aumentam, os retornos para os acionistas são mais altos, mas os riscos também. Os credores compreendem muito bem esta relação e quase sempre incluirão limites específicos aos níveis de dívida além dos quais os tomadores não poderão permanecer sem ter seus empréstimos saldados.

Os credores também usam o *índice de cobertura de juros* para avaliar o grau de segurança de emprestar dinheiro a uma determinada empresa. Quase toda empresa tem compromissos constantes que devem ser cumpridos por fluxos de caixa futuros se a empresa quer permanecer solvente. Os pagamentos de juros são um desses compromissos. O índice que mede a capacidade de uma empresa de efetuar os pagamentos de juros é o índice de cobertura de juros. A fórmula é:

Índice de cobertura de juros = Lucro antes dos juros e impostos/Despesas com juros

O número de vezes que os pagamentos de juros são cobertos pelo lucro antes dos impostos, ou EBIT, indica até que nível a renda pode cair sem provocar insolvência. Em muitos casos, este não é tanto um teste de solvência, mas um teste de resistência à adversidade. Por exemplo, se o EBIT fosse cortado pela metade por causa de uma recessão ou por outro motivo, será que a empresa ainda teria lucros suficientes para cumprir com suas obrigações com juros?

Uma advertência sobre a análise de índices

Embora um analista ou executivo seja mais bem informado por meio da análise de índices, o uso indiscriminado de índices financeiros pode ser perigoso. As decisões baseadas unicamente em um nível específico ou mínimo de um índice podem facilmente resultar em oportunidades perdidas ou prejuízos. Mesmo o melhor índice nem sempre indica saúde financeira, situação ou desempenho de uma organização. Índices feitos a partir de medições aparentemente semelhantes em demonstrações financeiras podem ser afetados por diferenças nas práticas contábeis ou por manipulação deliberada.

A facilidade com que os índices podem ser manipulados e o perigo de usá-los como critério leva muitos analistas a se concentrarem nas tendências de índices. Quando você observa uma tendência em um índice, pode levantar questões sobre o motivo dessa tendência. Por exemplo, se o índice de liquidez corrente trimestre a trimestre aumentou de forma constante, você vai querer saber por quê — e suas implicações. As respostas a estas perguntas são quase sempre encontradas fora das demonstrações financeiras. Do mesmo modo, a simples comparação dos índices das empresas pode resultar em conclusões errôneas. Os índices de diferentes organizações podem não ser comparáveis devido à diversidade inerente às práticas de contabilidade disponíveis. Você pode fazer comparações entre empresas, mas deve fazê-las com cuidado e com total atenção às diferenças básicas nos métodos de contabilidade.

Demonstrações financeiras em percentuais

Para ter um instrumento melhor para avaliar a mudança de desempenho de uma empresa ao longo do tempo e comparar uma empresa com outra, muitos analistas criam demonstrações financeiras em que o balanço patrimonial e as demonstrações de resultados são preparados em formato de porcentagem. Em um balanço percentual, por exemplo, cada ativo, passivo e o total do patrimônio dos acionistas são expressos como uma porcentagem dos ativos totais. Em uma demonstração de resultados percentual, as receitas de vendas são estabelecidas em 100%, e cada item é expresso como uma porcentagem das vendas. Por exemplo, o custo dos produtos vendidos pode ser expresso como 40% das vendas; o lucro líquido pode ser de 10% das vendas.

As demonstrações financeiras expressas em porcentagens facilitam a comparação de empresas de portes diferentes, permitindo que os analistas se concentrem na eficiência das operações. Por exemplo, ao comparar empresas concorrentes do mesmo setor, você pode usar os balanços percentuais para responder a várias perguntas importantes:

- Que empresa tem a mais alta porcentagem de dívida em relação aos ativos totais?
- Que empresa possui a maior quantidade de estoque em relação aos ativos totais?
- Que empresa tem a maior porcentagem de seus ativos presa em ativos fixos como terreno, propriedade e equipamento?

Você pode fazer outras comparações entre empresas usando uma demonstração de resultados em formato de porcentagem. Talvez seja igualmente útil a comparação do desempenho da demonstração de resultados da mesma empresa de um ano para outro. Como exemplo, considere a demonstração de resultados da Tabela 2.1. Esta demonstração de três anos indica que o custo de bens da empresa em relação às vendas líquidas está equilibrado. Suas despesas de vendas, geral e administrativas, representadas como uma porcentagem das vendas, também são estáveis ao longo de um período de três anos.

Como analista, você está procurando indicadores de que alguma coisa está muito certa ou muito errada nesses números, o que não vemos neste caso específico. Por exemplo, se os custos de venda, gerais e administrativos, expressos em porcentagens, estivessem com uma tendência ascendente, então você ia querer saber por quê. Como gerente, você iria querer saber a causa básica e iria agir para reverter esta tendência.

Das medições financeiras a um *balanced scorecard*

As medições financeiras, como ganhos por ação e margem de lucro, contam a história do desempenho da empresa, e gerações de profissionais de negócios tentaram aprender a lidar com essas medições. Mas essas medições tradicionais não são botões que você pode pressionar para fazer as coisas acontecerem — elas são o resultado de dezenas de outras atividades. E elas são retroativas, o produto de atividades do passado. Pior, as medições tradicionais podem enviar os sinais errados. Por exemplo, as medições de lucro que parecem muito boas este ano podem ser o resultado de cortes drásticos no desenvolvimento de novos produtos e reduções no treinamento de funcionários. Na aparência, elas fazem com que as coisas pareçam cor-de-rosa, mas estes cortes põem em risco os lucros futuros.

TABELA 2.1
Demonstração de resultados em porcentagem

	2001	2000	1999
Vendas líquidas	100,0%	100,0%	100,0%
Custo das vendas	37,4	36,6	37,8
Margem bruta	62,6%	63,4%	62,2%
Despesas com vendas, gerais e administrativas	42,4	43,2	42,1
Despesa de realinhamento	—	—	4,9
Lucros operacionais	20,2%	20,2%	15,2%
Encargos não-operacionais (receita)			
Receita de juros	(0,1)%	(0,3)%	(0,5)%
Despesas de juros	0,8	1,0	1,1
Outros encargos — líquidos	0,4	1,3	2,0
	1,1%	2,0%	2,6%
Lucro antes dos impostos e efeito acumulado das mudanças contábeis	19,1%	18,2%	12,6%
Imposto de renda	7,0	6,7	4,7
Lucro antes do efeito acumulado das mudanças contábeis	12,1%	11,5%	7,9%
Efeito acumulado das mudanças contábeis	—	—	(2,6)
Lucro líquido	12,1%	11,5%	5,3%

Fonte: William J. Bruns Jr., "Introduction to financial ratios and financial statements analysis", Case 9-193-029 (Boston: Harvard Business School, revisado, 21 de agosto de 1996).

Frustrados com as impropriedades dos sistemas de medição de desempenho tradicionais, alguns gerentes deixaram de focalizar os ganhos por ação e retorno sobre o patrimônio e passaram a se concentrar nas atividades operacionais que os produzem. Esses gerentes seguem o lema "Faça as melhorias operacionais, e os números do desempenho as acompanharão". Mas que melhorias são as mais importantes? Quais são os verdadeiros propulsores do bom desempenho de longo prazo? Para responder a estas perguntas, Robert Kaplan e David Norton realizaram uma pesquisa sobre várias empresas com medições de desempenho avançadas. A partir dessa pesquisa, eles desenvolveram o chamado *balanced scorecard*, um novo sistema de medição do desempenho que dá à alta gerência uma visão rápida mas abrangente da empresa. Seus *balanced scorecards* incluem medições financeiras que indicam os resultados de ações passadas. E complementam aquelas medições financeiras com três conjuntos de medições operacionais diretamente relacionadas com a satisfação do cliente, os processos internos e a capacidade da organização de aprender e melhorar — as atividades que impulsionam o futuro desempenho da empresa.

Kaplan e Norton compararam o *balanced scorecard* aos mostradores e indicadores na cabine de comando de um avião: "Para a tarefa complexa de navegar e voar em um avião, os pilotos precisam de informação detalhada sobre muitos aspectos do vôo. Eles precisam de informação sobre o combustível, a velocidade do ar, a altitude, a direção, o destino e outros indicadores que resumem o ambiente atual e previsto. Depender de um só instrumento pode ser fatal. Da mesma forma, a tarefa complexa de administrar uma organização hoje em dia exige que os administradores sejam capazes de ver o desempenho em várias áreas simultaneamente."[3]

O *balanced scorecard* de Kaplan e Norton usa quatro perspectivas para relacionar as medições de desempenho e estimular a ação gerencial. Coletivamente, essas perspectivas dão à gerência sênior respostas oportunas para quatro perguntas básicas:

- Como os clientes nos vêem? (perspectiva do cliente)
- O que devemos fazer para nos destacar? (perspectiva interna)
- Podemos continuar a melhorar e criar valor? (perspectiva da inovação e da aprendizagem)
- Como nossos acionistas nos vêem? (perspectiva financeira)

A Figura 2.1 indica as ligações entre as quatro perspectivas. A vantagem do *balanced scorecard* sobre as medições tradicionais é que três das quatro perspectivas (cliente, inovação e interna) são mais do que resultados — elas são alavancas que os gerentes podem usar para melhorar os resultados futuros. A desvantagem é que as medições de *scorecard* não são públicas, o que torna impossível comparar empresas concorrentes. E os *scorecards* não ajudam em nossa análise de tendências de ano a ano em áreas específicas da atividade da empresa, como giros de estoque e solvência. Usadas em conjunto, no entanto, o *balanced scorecard* e a análise de índices tradicionais podem ajudar os gerentes a entender *e* melhorar suas operações.

Resumo

As demonstrações financeiras contam a história dos pontos fortes e fracos de uma empresa, e de vários aspectos do desempenho. Mas a história não está óbvia — você tem que examinar, comparar e analisar para compreendê-la. Este capítulo mostrou como usar índices e demonstrações percentuais para compreender a história da lucratividade de sua empresa, as atividades operacionais essenciais, a solvência e a estrutura de dívida. Ele enfocou especificamente três índices:

- Os índices de lucratividade, que associam a renda obtida aos recursos utilizados. Estes índices incluem o retorno sobre os ativos (ROA, *return on assets*), retorno sobre o patrimônio (ROE, *return on equity*) e ganhos por ação (EPS, e *larnings per share*).
- Os índices de atividade, que indicam se os ativos foram bem utilizados.
- Os índices de solvência, que indicam a capacidade de uma organização de cumprir com suas obrigações financeiras. Esses índices incluem o índice de liquidez corrente, quociente absoluto de liquidez, o índice de endividamento e o índice de cobertura de juros.

FIGURA 2.1
O *balanced scorecard* relaciona as medições de desempenho

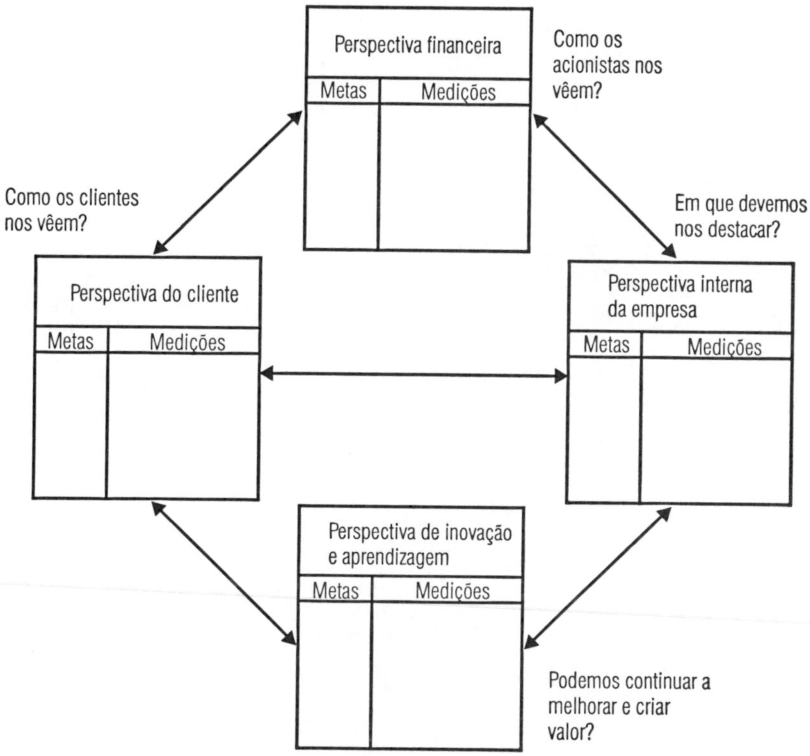

Fonte: Robert S. Kaplan e David P. Norton, "The Balanced Scorecard", *Harvard Business Review* 70, nº 1 (janeiro-fevereiro de 1992): 72.

Infelizmente, as demonstrações financeiras representam o passado e estão estritamente limitadas a medições financeiras. Como gerente, você precisa de indicadores e medições não-financeiras para compreender e orientar seus negócios. Este capítulo forneceu uma introdução ao *balanced scorecard*, que muitas empresas adotaram como um complemento para suas medições financeiras. Para aprender mais sobre o *balanced scorecard*, veja a seção Leituras recomendadas no final deste livro.

3

Conceitos contábeis importantes

As regras que definem as demonstrações financeiras

Principais tópicos abordados neste capítulo

- *Princípios contábeis geralmente aceitos*
- *Regime de competência comparado ao regime de caixa*
- *Contabilidade de estoques*
- *Depreciação e seus vários métodos*
- *Capitalização de arrendamentos*
- *O princípio de custo histórico e suas implicações*
- *Contabilidade de custo e seus usos*

O CAPÍTULO 1 E O CAPÍTULO 2 EXPLICARAM as demonstrações financeiras usadas pelas empresas e como você pode utilizá-las para avaliar o desempenho gerencial e a saúde financeira. Seu domínio do tema o ajudará em muitos momentos de sua carreira nos negócios. Como um consumidor de informação financeira, você também se beneficiará da compreensão de alguns conceitos importantes de contabilidade que definem as demonstrações financeiras, particularmente aqueles que são abordados aqui.

Princípios contábeis geralmente aceitos

É importante compreender que os valores representados nas demonstrações financeiras são retirados do sistema de contabilidade de empresas. Esse sistema é destinado a registrar, classificar e relatar as muitas transações monetárias da empresa de modo que estejam de acordo com os *princípios contábeis geralmente aceitos* (PCGA), ou GAAP (de *generally accepted accounting principles*).

Nos Estados Unidos, o GAAP é um conjunto de convenções, regras e procedimentos sancionados pelo Financial Accouting Standard Board (FASB), um organismo regulador independente. Todas as entidades devem seguir o GAAP na contabilidade de transações e na representação de seus resultados nas demonstrações financeiras. Esta conformidade para uniformizar os padrões dá aos acionistas, investidores, credores, clientes e reguladores alguma garantia de que as demonstrações financeiras que eles vêem são uma representação precisa e lícita das atividades subjacentes da empresa. Como uma verificação contra a manipulação, as demonstrações financeiras de cada corporação cujas ações são negociadas publicamente nos Estados Unidos devem ser auditadas por um contador público independente certificado. Esse auditor examina os registros contábeis da empresa e depois dá um parecer sobre a probidade e a coerência das demonstrações financeiras da empresa e sua conformidade ao GAAP.

É designada uma auditoria para fornecer uma garantia "razoável" de que as demonstrações financeiras são uma representação lícita das transações financeiras de uma empresa. Esta garantia, no entanto, não é absoluta, já que o auditor examina as evidências usando uma amostragem estatística. O auditor não examina cada transação e cada quantia. Algumas partes do relatório anual de uma empresa — por exemplo, a carta do presidente do conselho aos acionistas, as discussões e análises administravas sobre os resultados e a informação sobre os preços das ações — não são auditadas.

Regime de competência e regime de caixa

As empresas podem usar a contabilidade no *regime de caixa* ou no *regime de competência*. Mas, uma vez feita a escolha, devem aderir a ela de modo coerente.

No regime de caixa são registradas transações quando o dinheiro muda de mãos. Muitas pequenas empresas usam este método porque é simples e dá ao proprietário alguma flexibilidade no "gerenciamento" da renda tributável.

Ao contrário do regime de caixa, o regime de competência registra transações à medida que são feitas, tenha o dinheiro mudado de mãos ou não. A maioria das empresas de qualquer porte usa o regime de competência. Este sistema fornece uma comparação melhor entre as receitas e seu custo associado, o que ajuda as empresas a entender as verdadeiras causas e os efeitos das atividades de negócios. De acordo com isso, as receitas são demonstradas durante o período em que ocorrem as atividades de vendas, enquanto as despesas são demonstradas no mesmo período de suas receitas associadas.

Observe que, neste exemplo, a Amalgamated registrou US$20.000 em receitas dos pedidos de cabides em um ano fiscal, embora o pagamento dos pedidos não fosse recolhido até o ano fiscal seguinte. Além disso, a identificação das despesas com o material associado a esses pedidos é feita à medida que as transações são realizadas.

Estudo de caso: Regime de caixa para quando o dinheiro muda de mãos

Leo é um escritor *free-lancer* que usa o regime de caixa em seus negócios. Ele teve um ano muito lucrativo até agora, e está preocupado com todo o imposto de renda que terá de pagar se cair em um faixa tributária mais alta. Mas ele sabe que tem duas formas de reduzir sua renda tributável para este ano específico: 1) adiar o recebimento da receita de seus clientes até o próximo ano fiscal, e 2) aumentar suas despesas dedutíveis neste ano fiscal.

Assim, quando chega dezembro, Leo decide adiar a cobrança de contas de dois clientes até o fim do mês. Desta forma, ele receberá a renda em meados de janeiro do ano fiscal *seguinte*. Ele também pensa em todos os itens relacionados com seu negócio que ele planejou comprar nos meses seguintes: selos, um novo computador, material de escritório, material de referência, e assim por diante. E faz essas compras antes de 31 de dezembro. Estas vão para seus livros como despesas de caixa naquele ano — reduzindo ainda mais sua renda tributável.

Outro efeito interessante do regime de competência é o tratamento das chamadas despesas antecipadas. Algumas empresas compram arrendamentos plurianuais e apólices de seguros com um único pagamento. Isto representa despesas antecipadas. Quando feitas no início, elas são registradas no balanço patrimonial como, por exemplo, seguros antecipados. A parte de cada ano desse pagamento é considerada uma despesa à medida que é usada. Por exemplo, se a Amalgamated comprasse uma apólice de seguros de propriedade de dois anos por US$6.000 em 2002, US$3.000 seriam considerados uma despesa em sua demonstração de resultados de 2002 e o pagamento adiantado para 2003 seria registrado como ativo antecipado em seu balanço.

Contabilidade para estoques

Estoque descreve insumos para o processo de produção: os suprimentos, matéria-prima, componentes e assim por diante, que uma empresa usa em suas operações. O termo também inclui o trabalho em andamento — bens em vários estágios de produção — e bens acabados que estão esperando para serem vendidos e/ou despachados.

Estudo de caso: Regime de competência combinado com despesas para atividade

Na Amalgamated Hat Rack, que fabrica cabides para chapéus que imitam chifres de alces, a receita de um pedido de um cliente é contabilizada à medida que cada cabide é vendido — mesmo que o pagamento não seja feito imediatamente. Da mesma forma, se a Amalgamated recebe 2 mil ganchos de bronze de uma empresa fornecedora contratada, aqueles ganchos não serão gastos de uma só vez. Em vez disso, eles são gastos em uma base unitária: se são necessários cinco ganchos de bronze para fazer um cabide para chapéus, então os ganchos de bronze são gastos cinco de cada vez em cada cabide que é embarcado.

Os estoques são um ativo circulante significativo para muitas empresas. Sua contabilidade tem dois aspectos importantes. Primeiro, o custo do estoque que é comprado ou fabricado tem de ser determinado. Esse custo é então registrado nas contas de estoque da empresa até que o produto seja vendido. Depois que o produto foi despachado ou entregue a um cliente, o custo passa a ser uma despesa que é incluída na demonstração de resultados como parte do custo de bens vendidos.

Para entender o processo de contabilidade de estoque, imagine os custos fluindo para as contas de estoque e depois sendo dela retirados e atribuídos ao custo dos produtos vendidos na demonstração de resultados. Assim como os produtos são fisicamente colocados em um depósito e depois são fisicamente retirados à medida que são entregues aos clientes, o custo de estoque é transferido para uma conta e mais tarde retirado dela. É importante reconhecer, contudo, que esses fluxos não precisam ser paralelos — isto é, o fluxo de custos para dentro e para fora da conta de estoque não precisa estar na mesma ordem que o fluxo de bens para dentro e para fora do depósito. Como explicaremos mais tarde, podemos decidir usar primeiro os itens do estoque recebidos mais recentemente porque eles nos darão uma estimativa mais realista de nossos custos.

Fluxos de custo de estoque

À primeira vista, podemos não ver a necessidade de supor como os custos fluem pela conta de estoque. O custo de cada item colocado no estoque físico pode ser inserido na conta e depois, à medida que o item for fisicamente retirado do estoque, o custo pode ser retirado da conta. Assim, os custos acumulados na contabilidade podem perfeitamente corresponder aos itens fisicamente mantidos, e os custos dos produtos vendidos podem igualar a soma do custo de cada item que realmente foi entregue ao consumidor. Esse tipo de sistema de custo de estoque pode ser identificado com um sistema de identificação específico.[1]

Identificar especificamente cada item do estoque é relativamente fácil se cada item é único, como um objeto de arte ou uma peça de mobiliário feita por encomenda, ou se cada item tem um número de identificação, como um automóvel. Contudo, a identificação específica não é prática quando os itens de estoque não são individualmente identificáveis. É o que acontece com volumes de trigo, lotes de *chips* de memória e montes de ganchos de bronze como os utilizados nos cabides para chapéus da Amalgamated. Nestes casos, a contabilidade normalmente supõe um fluxo de custo através da contabilidade de estoque que não é necessariamente relacionado com o fluxo físico real de produtos.

O problema da contabilidade com esses itens de estoque iguais é complicado pela possibilidade de a empresa ter pago preços diferentes por eles. Por exemplo, a Amalgamated tem 5 mil ganchos de bronze em seu estoque de peças. Por causa da inflação e de outros fatores, a empresa pagou US$0,10 por 1.500 ganchos; US$0,12 por 2 mil; e a pechincha de US$0,08 pelos 1.500 restantes. Assim, quando a equipe de montagem retira 200 ganchos do estoque, que custo deveria estar refletido no custo dos produtos vendidos? Os ganchos são idênticos em todos os sentidos, exceto em seu pedido de compra e seu custo para a Amalgamated.

Três premissas comuns são usadas na contabilidade de custo de estoque: *custo médio*, *primeiro a entrar, primeiro a sair* (PEPS, ou FIFO, de *first-in, first-out*), e *último a entrar, primeiro a sair* (UEPS ou LIFO, de *last-in, last-out*). Uma empresa pode escolher qualquer uma destas três suposições e usá-la de modo coerente em cada classificação de estoque, independentemente do modo como os bens se movem para dentro ou para fora do estoque.

Usar esse método de custo médio exige que você calcule o custo médio dos itens no estoque inicial mais as compras feitas durante o período contábil para determinar o custo dos produtos vendidos e o custo do estoque disponível no fim do período. O custo médio deve ser um custo representativo de todos os itens disponíveis para venda durante o período contábil. Em vez de esperar até o fim de um período contábil para calcular o custo médio, algumas empresas usam um custo unitário predeterminado de todas as transações que ocorrem durante o período contábil. Este é um sistema de custo padrão e é uma variação do método de custo médio. Qualquer diferença entre o custo médio unitário real e o custo padrão predeterminado durante um período em geral é acrescentada ou subtraída do custo dos produtos vendidos naquele período.

Se a premissa *primeiro a entrar, primeiro a sair*, ou FIFO, é utilizada, então os custos mais antigos na contabilidade de estoque são os primeiros a serem transferidos para o custo dos produtos vendidos quando a mercadoria é vendida. Usar esta premissa significa que os custos mantidos na contabilidade de estoque sempre serão aqueles registrados mais recentemente para a compra ou fabricação do estoque. Por esse motivo, a suposição FIFO produz um equilíbrio da contabilidade de estoque que em geral é o que mais se aproxima dos três métodos de abordagem do custo de substituição do estoque.

A premissa *último a entrar, primeiro a sair*, ou LIFO, é o oposto do FIFO. O custo dos produtos vendidos é medido usando-se o custo dos acréscimos *mais recentes* ao estoque, e a contabilidade de estoque sempre retém os itens mais distantes comprados ou fabricados. Esse padrão de consumo de estoque presumido pode ser muito diferente do fluxo físico real de bens, e o padrão em geral é diferente quando o método LIFO é utilizado. Se os custos mais antigos são mantidos na contabilidade de estoque por algum período porque o estoque nunca é esvaziado, e se os preços mudam substancialmente no mesmo período, o equilíbrio de estoque LIFO provavelmente terá pouca relação com o valor corrente da mesma quantidade de estoque recentemente comprada.

O uso da premissa LIFO não é permitido em alguns países. Entretanto, ele é permitido nos Estados Unidos e é muito popular ali. Um motivo importante da sua popularidade é o fato de que o LIFO proporciona uma medida melhor dos custos correntes do estoque. Quando esses custos são correlacionados com as receitas de vendas correntes, tanto os investidores como os gerentes podem ter uma idéia melhor do que está acontecendo na empresa. Outro motivo da popularidade do LIFO é que a inflação geralmente encarece o estoque adquirido mais recentemente. Esse custo aumentado reduz a lucratividade declarada das vendas, o que, por sua vez, reduz o passivo fiscal.

Para ter uma idéia melhor de como essas três premissas comuns — custo médio, LIFO e FIFO — afetam o custo de produtos vendidos, analise este exemplo. A Amalgamated Hat Rack mantém um estoque de acessórios de bronze para uso na montagem de seus cabides para chapéus de fabricação limitada de luxo. Em 2002, em virtude do aumento do preço do cobre, o preço pago aos fornecedores por estes acessórios aumentou significativamente. Um registro das compras em 2002 mostrou o seguinte:

1º de fevereiro	50 a US$6,00	US$300
1º de abril	50 a US$7,50	US$375
1º de maio	50 a US$8,50	US$425
1º de julho	50 a US$9,00	US$450
1º de outubro	50 a US$10,50	US$525
Total		US$2.075

O preço era estável antes de 2002. Em 1º de janeiro de 2002, havia 29 acessórios disponíveis para uso, cada um dos quais custara US$5,00. No fim do ano, eram 54 disponíveis.

É a lei

Em relação à maioria dos métodos de contabilidade, a legislação fiscal americana não exige que o mesmo método seja utilizado em relatórios financeiros apresentados aos acionistas e em relatórios financeiros sobre os quais os impostos serão calculados. Contudo, o LIFO é uma exceção. Uma empresa que prefere economizar impostos usando a premissa LIFO deve também usar o método LIFO em seus relatórios aos acionistas. Por esse motivo, há um aspecto negativo associado ao pagamento de impostos mais baixos: a administração deve relatar aos acionistas ganhos mais baixos do que haveria se fosse utilizada uma premissa alternativa do estoque.

Se os estoques são avaliados periodicamente, o valor do estoque em termos de preços históricos e o custo de acessórios vendidos dependem da premissa de fluxo de estoque adotado (Tabela 3.1). Observe que, no cálculo do LIFO, do custo médio, e do FIFO, calculamos o custo de acessórios vendidos começando pelo custo dos acessórios disponíveis para uso (US$2.220 em cada caso). Reduzimos desse número o custo das 54 unidades disponíveis no fim do ano sob cada premissa. No cálculo LIFO, por exemplo, o custo dos 54 remanescentes deve ser o custo dos primeiros acessórios comprados (e de menor custo).

Para os gerentes, o que importa lembrar é que a premissa de fluxo de custo de estoque tem um impacto no custo dos produtos vendidos, na renda líquida declarada e no valor do estoque que será mostrado entre os ativos circulantes no balanço. Além disso, se os custos de estoque estão aumentando e o método LIFO é utilizado, examinar os custos de estoque antigo reduzindo o tamanho do estoque à mão (chamado de liquidação LIFO) resultará em uma explosão de renda líquida, o que pode não ser sustentável em períodos futuros.

TABELA 3.1
Amalgamated Hat Rack, valor de estoque, 2002 (em US$)

	Premissa de Fluxo de Estoque		
	Método FIFO	**Método custo médio**	**Método LIFO**
Acessórios, 1º de jan de 2002 (29 a US$5,00)	145	145	145
Compras, 2002	2.075	2.075	2.075
Disponível para uso, 2002	2.220	2.220	2.220
Acessórios à mão, 31/12/2002	561[a]	430[b]	295[c]
Custo de acessórios vendidos, 2002	1.659	1.790	1.925

Fonte: Adaptado de William J. Burns, Jr., "Accounting for Current Assets", Case 193-048 (Boston: Harvard Business School Publishing, revisado, 13 de agosto de 1996).

[a]Método FIFO: O custo total de 50 acessórios a US$10,50 (ou US$525) mais 4 acessórios a US$9,00 (US$36)

[b]Método do custo médio: O custo total de 54 acessórios ao custo médio de US$7,96, calculado tomando-se o custo total de acessórios de bronze comprados e dividindo pelo número total de acessórios usados na produção.

[c]Método LIFO: O custo total de 29 acessórios a US$5,00 (US$145) mais 25 acessórios a US$6,00 (US$150).

Podemos resumir nossa discussão de contabilidade de estoque com muita simplicidade. A contabilidade de estoque consiste em dois passos: primeiro, você deve medir o custo de itens acrescentados ao estoque. Segundo, você deve decidir que método utilizará para contabilizar o custo desses itens à medida que eles são vendidos ou entregues aos clientes.

Depreciação

As despesas com propriedade e equipamento essencial representam um comprometimento de recursos em ativos normalmente utilizados em diversos períodos. O conceito contábil de corresponder as receitas com suas despesas relacionadas exige que o custo desses investimentos seja combinado com as receitas obtidas com seu uso. Para prédios e equipamento, a quantidade de despesa combinada com receitas é chamada de *depreciação*. A depreciação é uma despesa não-monetária que efetivamente reduz o valor de balanço de um ativo sobre sua suposta vida útil. Por exemplo, se a Amalgamated estivesse para comprar por US$50.000 (com entrega e instalação) uma nova peça de maquinaria em liga metálica que tivesse uma vida útil prevista de vinte anos, então a empresa poderia gastar uma parte desses US$50.000 contra receitas em cada um dos vinte anos seguintes. Isto reduziria a renda tributável da empresa dólar a dólar. Ao mesmo tempo, os contadores da Amalgamated reduziriam o valor de balanço da maquinaria na mesma taxa até que o valor fosse zero.[2]

Vale a pena lembrar a expressão "despesa não-monetária". Embora a depreciação esteja listada como uma despesa na demonstração de resultado, nenhum dinheiro sai dos bolsos da empresa — ao contrário de despesas como salários, suprimentos, instalações e postagem. A depreciação é simplesmente uma maneira acessível (embora imperfeita) de reconhecer que certos ativos se esgotam ou perdem gradualmente seu valor produtivo e devem ser substituídos.

Se o ativo é um recurso natural, como uma área florestal ou depósitos minerais, despesas similares seriam chamadas de exauridas. Se o ativo é intangível (por exemplo, uma patente), seu custo original deve ser amortizado nos períodos em que os benefícios são obtidos ou, em alguns casos, em um período arbitrário.

Compreender esta explicação simples de depreciação o ajudará em suas funções de gerente. Um conhecimento de outros aspectos mais detalhados da depreciação será ainda mais útil para você. Vamos examiná-los mais de perto.

O custo de ativos fixos

O custo de um ativo fixo e o nível em que ele será inicialmente registrado nos relatórios consistem na soma total de despesas necessárias para preparar o ativo para seu uso pretendido. Isso significa que, além do preço de aquisição da propriedade legal de um ativo, você deve acrescentar os custos de entrega, instalação, treinamento de funcionários e a modificação das instalações necessárias para usar o ativo como planejado.

Calculando a depreciação

No início da vida de um ativo é feita uma estimativa do seu valor residual. O valor residual é o preço esperado de venda do ativo menos quaisquer custos de remoção ao final de sua vida útil para a organização. A diferença entre o custo e o valor residual é chamada de custo depreciável. É esse custo depreciável que será combinado de alguma forma com as receitas ganhas nos períodos contábeis durante os quais o ativo será utilizado. Aqui está um exemplo, usando uma fornalha de laboratório que a Amalgamated Hat Rack comprou para desenvolver novas ligas para os acessórios de metal de seus cabides para chapéus de alto desempenho.

Preço da fornalha	US$13.000
Menos: desconto pelo pagamento à vista	US$500
Preço pago	US$12.500
Encargos de frete	US$500
Instalação	US$2.000
Despesas com treinamento	US$1.000
Custo total	US$16.000
Menos: valor residual	US$6.000
Custo depreciável	US$10.000

Uma vez que tenhamos determinado o custo depreciável, só o que resta é escolher um método para alocar esse custo a períodos em que o ativo será utilizado para gerar receita. Na alocação do custo depreciável, qualquer um dos vários métodos é aceitável. Embora esses métodos possam parecer arbitrários, eles atendem a dois critérios. Primeiro, a quantidade de depreciação não está sujeita à manipulação pela gerência, de forma que a renda da empresa, correspondente a qualquer período, possa ser distorcida ao sabor dos ventos. Segundo, as quantidades atribuídas guardam alguma semelhança com a queda em valor dos ativos medidos com base no custo histórico.

Examinaremos os dois métodos de depreciação em uso comum com variações ocasionais em cada um: depreciação em linha reta e depreciação de saldo decrescente. Cada método tem suas vantagens.

Depreciação em linha reta

Segundo o método de depreciação em linha reta, uma parcela igual do custo depreciável é atribuída a cada ano de acordo com alguma medida da vida do ativo. Neste método, como em qualquer método de depreciação utilizado habitualmente, a quantidade atribuída à despesa é em geral acumulada e mostrada no balanço como uma dedução do custo histórico do ativo. Esta depreciação acumulada é chamada de contrapartida do ativo. Sempre está associada ao ativo ao qual se relaciona, e seu saldo compensa parte do custo original que já foi correlacionado às receitas. A Tabela 3.2 mostra como a depreciação da nova fornalha da Amalgamated pode ser calculada com o método em linha reta. O método emprega uma vida útil estimada de cinco anos e, alternativamente, a capacidade de fundir metal no tempo de vida previsto da fornalha e a perspectiva de produção da empresa.

TABELA 3.2

Depreciação em linha reta da fornalha de laboratório (em US$)

Custo depreciável:

Preço da fornalha	13.000
Menos: Desconto	500
	12.500
Frete	500
Instalação	2.000
Despesas com treinamento	1.000
Custo total	16.000
Menos: valor residual	6.000
Custo depreciável	10.000

Vida estimada: 5 anos
Metal fundido esperado: 250.000 libras (1 libra = 453,59g)

Cronograma de despesa de depreciação:

Ano	Fusão esperada (em libras)	Base de tempo (em US$)	Base de uso (em US$)
1	40.000	2.000	1.600
2	45.000	2.000	1.800
3	50.000	2.000	2.000
4	55.000	2.000	2.200
5	60.000	2.000	2.400
Total	250.000	10.000	10.000

Fonte: William J. Burns Jr., "Accounting for property, plant, equipment and other assets", Case 9-193-046 (Boston: Harvard Business School, revisado, 13 de agosto de 1996).

Depreciação de saldo decrescente

Na tentativa de refletir que um ativo quase sempre é mais produtivo em seus primeiros anos de uso, os contadores freqüentemente empregam métodos que atribuem uma proporção maior da despesa de depreciação total aos primeiros anos de vida do que aos períodos posteriores. Um método comum para realizar isso é atribuir a cada período uma porcentagem fixa do custo original do ativo menos qualquer depreciação acumulada anterior. (Observe a diferença da depreciação em linha reta, em que a taxa de depreciação é aplicada a todo o custo depreciável do ativo de cada período.) Em geral, esse número será de 150 ou 200% da taxa de depreciação usada no método em linha reta. Como o método de saldo decrescente nunca amortizará completamente o custo original de um ativo, os contadores em geral não deduzem o valor residual desse ativo do custo original antes de aplicar a porcentagem de depreciação.

A Tabela 3.3 mostra como os contadores da Amalgamated usariam o método do saldo decrescente para calcular a depreciação de sua fornalha de laboratório. Novamente, este exemplo refere-se a um período de depreciação de cinco anos. Mas como o valor residual de US$6.000 não é excluído neste método, o custo depreciável da fornalha é de US$16.000.

Uma ótima vantagem deste método do saldo decrescente são as despesas de depreciação muito maiores permitidas nos primeiros anos. Isto significa que a Amalgamated pode fazer reduções muito maiores na renda tributável nos primeiros anos. E, como você já deve estar sabendo, um dólar de impostos que você adie é um dólar que você pode usar para investir em operações lucrativas hoje.

Comentários finais sobre a depreciação

A importância da depreciação está em sua relação com a determinação adequada da renda. Mas qual o melhor método? O ideal é que o melhor método forneça a melhor estimativa do lucro real. Na prática, contudo, outros critérios quase sempre predominam: a simplicidade de aplicação, impostos e outras exigências legais, ou o desejo, por parte da gerência, de mostrar ganhos mais favoráveis ou menos favoráveis do que aqueles que seriam demonstrados com outro método. As estimativas de despesa de depreciação, portanto, devem ser usadas e interpretadas com muito cuidado.

TABELA 3.3
Depreciação de saldo decrescente (em US$)

Ano	Valor contábil no início do ano	Despesa de depreciação (40% do valor contábil)	Valor contábil no fim do ano
1	16.000	6.400	9.600
2	9.600	3.840	5.760
3	5.760	2.304	3.456
4	3.456	1.382	2.074
5	2.074	829	1.245
Total		14.755	

Fonte: William J. Bruns Jr., "Accounting for property, plant, equipment and other assets", Case 9-193-046 (Boston: Harvard Business School, revisado, 13 de agosto de 1996).

Outro aspecto da contabilidade de depreciação merece menção aqui. Temos lidado com a depreciação de ativos individuais porque esta era a maneira mais fácil de exemplificar os diferentes métodos de depreciação. Na prática, contudo, uma grande empresa pode ter muitos ativos de um determinado tipo — computadores pessoais, por exemplo. Em vez de identificar cada ativo, os contadores acham mais viável depreciá-los como um grupo.

Contabilidade de *leasing*

Você provavelmente sabe como é o *leasing* de um carro novo. As propagandas são sedutoras. "Dirija um novo MegaGuzzler SUV por somente US$299 por mês!" Depois o folder elegante lhe fala do período de *leasing* de quatro anos e dos US$2.500 que você deve pagar de entrada para obter essa taxa mensal baixa.

O *leasing* de carros é conveniente quando você não quer pegar um empréstimo. E, às vezes, você nem precisa dar uma entrada (embora seus pagamentos mensais fiquem mais altos). No final do período plurianual do *leasing*, você pode devolver o carro. Para algumas pessoas, essa é uma boa alternativa à compra de um carro.

As empresas gostam de *leasing* por alguns desses mesmos motivos. O *leasing*, na verdade, é uma maneira extremamente popular de adquirir ativos, e tudo, de computadores e vagões ferroviários e arranha-céus, pode ser arrendado hoje em dia. As organizações que arrendam ativos em vez de comprá-los podem fazer isso por vários motivos. Por meio do *leasing*, uma empresa pode usar certos recursos sem pagar por eles até que consiga obter receita dos clientes. Isso livra a empresa da necessidade de tomar empréstimos e assim exaurir os seus ativos. Da mesma forma, as empresas que se vêem com pouco dinheiro e com excesso de ativos fixos quase sempre vendem seus ativos. Então, com a assinatura seguinte, as empresas arrendam de volta do comprador — um arranjo conhecido como *venda e arrendamento*. Muitas sedes grandiosas de empresas passaram por essa transação, em geral quando a corporação que vende está passando por um período difícil.

Como gerente, você deve compreender alguns aspectos dessa forma de financiamento e suas exigências contábeis. Primeiro, os acordos de *leasing* se encaixam em duas categorias principais. Um *arrendamento operacional* é o mais comum. O carro pessoal arrendado em geral pertence a esta categoria. Neste *leasing*, o período cobre apenas uma parte da vida útil prevista do ativo. O arrendador (o proprietário do ativo) precisa renovar o arrendamento uma vez ou mais para deduzir (compensar) o custo do ativo e lucrar.

Um *arrendamento financeiro*, por outro lado, em geral abrange toda a vida útil do ativo. E o arrendamento não pode ser cancelado a menos que o arrendatário cumpra todo o cronograma de pagamentos. Além disso, o arrendatário, em geral deve pagar os impostos, o seguro e os custos de manutenção relacionados com o ativo. Isto é muito parecido com a compra de ativo em que são feitos pagamentos mensais até que o ativo esteja completamente quitado. Como o acordo de arrendamento requer o fluxo de caixa no futuro, ele tem as características essenciais de um passivo.

Anos atrás, os arrendamentos eram, para as corporações, uma fonte conveniente de financiamento fora do balanço. As empresas podiam se envolver em um arrendamento financeiro — como se tivessem usado um empréstimo para comprar um ativo —, mas elas não precisariam incluir o ativo e seu passivo correspondente no balanço. (Esta inclusão do arrendamento no balanço é chamada de capitalização do arrendamento.) Esta prática faz com que os índices de endividamento das empresas pareçam mais saudáveis do que na verdade são. A situação mudou em 1976, quando o FASB (Financial Accounting Standards Board) exigiu que as empresas capitalizassem seus arrendamentos no balanço quando eles fossem, na realidade, compra e acordos de empréstimo com outro nome. Os arrendamentos operacionais, contudo, só precisam ser mostrados em notas das demonstrações financeiras das empresas.

Por exemplo, veja o caso de uma empresa que, precisando de dinheiro para outros investimentos, tenha vendido seu único prédio e depois o arrendou em um acordo de arrendamento financeiro. A Tabela 3.4 mostra os balanços da empresa antes e depois de arrendar seu prédio. Para simplificar, estamos supondo que a empresa vende o prédio pelo valor de balanço. Antes do acordo de venda e arrendamento, essa empresa só tinha um ativo — seu prédio — e nenhum passivo.

TABELA 3.4
Ativos e passivos de uma empresa hipotética antes e depois de arrendar seu prédio (em US$)

	Antes do arrendamento	Depois do arrendamento
Ativos		
Caixa	0	50.000
Prédio	50.000	0
Arrendamento capitalizado	____	50.000
Ativos totais	50.000	100.000
Passivos		
Passivos	0	50.000
Patrimônio dos proprietários	50.000	50.000
Passivos totais e patrimônio dos proprietários	50.000	100.000

A venda converte o ativo prédio em outro ativo: caixa, que a empresa pode usar para financiar possíveis atividades lucrativas. Mas uma vez que esteja em um arrendamento financeiro, o GAAP exige que a empresa capitalize o arrendamento e o mostre como um passivo no balanço. Observe que o patrimônio dos proprietários permanece o mesmo, apesar do truque utilizado.

Custo histórico e suas implicações

Para muitos ativos de balanço analisados no Capítulo 1 — caixa, estoques, propriedade e equipamento — o GAAP tem uma regra rígida: eles devem ser registrados por seu custo histórico. Assim, o terreno e o prédio que seu patrão adquiriu em 1946 para instalar sua sede no centro de Manhattan a um custo de US$300.000 devem ser representados hoje com esse número menos a depreciação. Não importa que a propriedade agora esteja valendo zilhões de dólares — ela vai para os livros com seu custo de aquisição.

A propriedade real não é a única categoria de ativos cujo valor real pode ser menor que seu valor de balanço. Considere o estoque. Ele segue a mesma regra. Assim, se o editor do famoso livro de Paul Samuelson sobre economia fizesse uma nova edição, o valor de mercado do estoque da edição anterior cairia como uma pedra, já que quase todo mundo ia querer a nova edição. O valor indicado no balanço do estoque da edição anterior, contudo, permaneceria o mesmo — por seu custo histórico. (Algumas empresas incluem um valor reserva para o estoque de modo a refletir o valor perdido que uma parte do estoque terá.)

O princípio do custo histórico obviamente resulta em uma disparidade entre os valores real e contábil declarado. Então, por que os contadores o adotam? O motivo é que eles não encontraram uma alternativa melhor. Obviamente, não se pode confiar que as empresas escrevam valores maiores ou menores a seu bel-prazer. E seria imensamente caro e nada prático ter todos os ativos da empresa avaliados por um exército de avaliadores independentes todo ano. Assim, ficamos com o sistema que temos. Sua melhor defesa contra a interpretação equivocada dos valores de balanço é saber que eles são registrados por seu custo histórico.

Contabilidade de custo

A contabilidade de custo é um ramo da contabilidade que registra o custo de muitas coisas que entram direta ou indiretamente na produção de cada unidade de bens e serviços vendidos pela empresa. Os gerentes usam essa informação para vários propósitos:

- Desenvolver preços de venda razoáveis para os bens e serviços que produzem.
- Identificar custos que estejam saindo de controle.
- Destacar custos específicos para redução gradual.
- Determinar que produtos e serviços são lucrativos e quais não são.

Alguns custos são *diretos* e outros são *indiretos*. Os contadores de custos estão interessados em ambos, e os gerentes devem se interessar também. Para a Amalgamated Hat Rack, por exemplo, parafusos, cola, madeira, acessórios de bronze e mão-de-obra são custos diretos da fabricação dos produtos da empresa. Os custos indiretos, freqüentemente chamados de *despesas gerais*, *alocações* ou *encargos*, são custos que não podem ser atribuídos à produção de nenhuma unidade específica de produto — o aluguel da unidade de produção, custos de serviços públicos, salários e benefícios de executivos e pessoal administrativo, impostos sobre a propriedade, e o custo da festa anual da empresa, por exemplo. Em muitos casos, esses custos de despesas gerais são alocados para unidades de produção de acordo com uma fórmula.

Por exemplo, os contadores de custos da Amalgamated Hat Rack registram cada coisinha que entra no custo de produção do cabide Modelo 1, uma linha de produtos essencial. Eles contabilizam os custos de horas de máquina, horas de trabalho, material, embarque por unidade — até as comissões pagas a representantes independentes de vendas. Esses custos diretos chegam a US$26. No jargão da contabilidade, dizemos que qualquer quantia que a empresa encontre em um cabide para chapéus Modelo 1 acima deste número representa sua *margem de contribuição*, ou sua contribuição para as despesas gerais e lucros. Mais especificamente, a margem de contribuição por unidade é definida como se segue:

Margem de contribuição = Renda líquida – Custos diretos

Por exemplo, se o Modelo 1 fosse vendido por US$50 a unidade, então cada unidade vendida contribuiria com US$24 (US$50 menos US$26 de custos diretos) para as despesas gerais e os lucros.

Agora vamos examinar os custos diretos e indiretos totais (em US$) da produção do Modelo 1:

Madeira de pinho	1,55
Acessórios de bronze	2,50
Cola	0,05
Tempo de máquina	0,60
Mão-de-obra (0,75 hora a US$20 a hora)	15,00
Embarque (média)	3,30
Comissão	3,00
Custos diretos totais	26,00
Encargo de despesas gerais	17,55
Total de custos diretos e indiretos	43,55

Observe que os contadores de custos da Amalgamated acrescentaram US$17,55 em despesas gerais para cada Modelo 1. Supondo-se que a informação de custos da empresa seja completa e precisa, isso significa que cada venda de um Modelo 1 contribui com US$6,45 para os lucros (US$50 menos US$26 de custos direitos, menos US$17,55 de encargos de despesas gerais).

Custeio por processo e por ordem de serviço

Os contadores geralmente usam um de dois sistemas de custeio muito diferentes, dependendo da natureza do negócio: custeio por processo ou custeio por ordem de serviço. O custeio por processo funciona bem quando uma empresa produz em massa milhares de itens idênticos, como parafusos, *chips* de memória ou lâmpadas. Esse sistema de custeio focaliza os custos das várias etapas do processo — por exemplo, mistura, extrusão, corte e embalagem. A matéria-prima e o custo de cada etapa são calculados e depois divididos pelo número de unidades produzidas.

O custeio por ordem de serviço é mais adequado para a fabricação personalizada. Por exemplo, um fabricante de ferramentas para máquinas feitas sob encomenda ou de um módulo lunar usaria essa abordagem. O custeio por ordem de serviço identifica todos os custos relevantes de uma tarefa específica, diretos e indiretos.

Usando a informação de custeio

Os gerentes usam a informação de custeio para entender e controlar as variáveis que determinam a lucratividade. Por exemplo, a maioria das empresas fabricantes determina um custo padrão para cada item de custo direto, como custo de mão-de-obra por unidade, horas de máquina por unidade e custo de madeira por unidade. O departamento de contabilidade depois elabora uma demonstração mensal que indica o custo real de cada um. Os gerentes podem então ver facilmente as variações entre o padrão e o real, e podem investigar as causas, se as variações estiverem saindo de controle. Eles podem também identificar os principais fatores que contribuem para o custo e tentar controlá-los. Os gerentes da Amalgamated, por exemplo, podem ver que a mão-de-obra é um fator importante no custo de produção dos cabides para chapéus Modelo 1. Essa informação deve incitá-los a reexaminar a produção para ver se podem alterar o processo para produzir o mesmo número de unidades com menos horas de mão-de-obra. Alternativamente, a gerência pode investigar algum equipamento de produção que possa substituir a mão-de-obra a um custo por unidade mais baixo.

Custeio baseado em atividade

As despesas gerais, ou custos indiretos, têm sido o ponto fraco em muitos sistemas de contabilidade de custos. Tradicionalmente, os contadores usavam fórmulas simples para alocar os custos indiretos. Por exemplo, muitos alocavam o total de custos indiretos entre os produtos, de acordo com o número de horas de mão-de-obra atribuído a cada produto. Esta era uma abordagem razoável, desde que a mão-de-obra fosse o maior custo de produção. Outras abordagens dividem os custos indiretos em proporção com as receitas realizadas por cada produto. Isto também quase sempre fazia sentido, desde que os produtos não fossem muito diferentes.

Hoje em dia, contudo, a mão-de-obra raramente é o principal fator de custo, e a maioria das fábricas é capaz de produzir dezenas ou centenas de tipos diferentes de produtos. Em conseqüência, as velhas fórmulas de alocação não produzem mais boas aproximações de custos indiretos. Na verdade, essas fórmulas podem facilmente levar os gerentes a acelerar a fabricação de produtos que desperdiçam dinheiro e a reduzir suas linhas de produtos mais lucrativas. Para entender como ocorre essa incompatibilidade de lucratividade real e aparente, veja o que aconteceria com uma empresa que tradicionalmente dependia de horas de mão-de-obra como fórmula para alocar despesas gerais. Na época em que a mão-de-obra era um importante custo de produção, isso colocava uma proporção maior das despesas gerais totais nas costas dos produtos da empresa que usavam muita mão-de-obra — o que fazia sentido. Contudo, à medida que algumas linhas de produtos modernizaram-se e eliminaram a mão-de-obra por meio da automação, sua parcela de despesas gerais encolheu. E a lucratividade desses produtos parecia crescer. Mas os custos de despesas gerais não foram eliminados; eles simplesmente mudaram para outro lugar.

Assim, outras linhas de produtos — particularmente aquelas que usavam muita mão-de-obra — teriam de absorver a parte do "leão" das despesas gerais da empresa. Isso faria com que seus produtos parecessem relativamente não-lucrativos. Para ver como isso pode acontecer, considere dois produtos, ambos com a mesma receita por unidade (US$14,00) e com o mesmo custo direto de fabricação, embarque e distribuição (US$5,00). O produto A tem a mesma margem de contribuição do produto B. O produto A é líder no mercado e tem demanda em crescimento. Mas como sua fabricação envolve mais horas de mão-de-obra, a fórmula de custeio da empresa alocou uma carga muito maior de despesas gerais para ela — tanta que o produto A mostra uma perda de US$1,00 por unidade vendida. O produto B, em comparação, tem um desempenho fraco em um mercado em declínio. Mesmo assim, por causa de sua pouca utilização de mão-de-obra, ele recebe uma alocação de despesas gerais muito menor, o que faz com que pareça muito lucrativo. Vendo esses números, a administração pode facilmente tomar uma decisão totalmente errada: descontinuar a produção de A e aumentar a produção de B. Decisões como essa podem afundar até a melhor empresa.

	Produto A (em US$)	Produto B (em US$)
Custo direto total	5,00	5,00
Encargos de despesas gerais	10,00	4,00
Total direto/indireto	15,00	9,00
Receita líquida/unidade	14,00	14,00
Contribuição para os lucros	(1,00)	5,00

H. Thomas Johnson e Robert Kaplan propuseram uma forma alternativa de calcular os custos.[3] Esta alternativa passou a ser conhecida como *custeio por atividade*, ou ABC (de *based costing*). O ABC é uma abordagem da contabilidade de custos que quantifica cuidadosamente as ligações entre o desempenho de atividades específicas e as demandas dessas atividades sobre os recursos da organização. Enquanto os sistemas de contabilidade de custos tradicionais alocam os custos indiretos e de apoio para produtos por meio de medidas como horas de mão-de-obra direta, horas de máquina ou custo de material, o ABC reconhece que diferentes produtos, clientes, marcas e canais de distribuição exigem recursos diferentes de uma empresa. De acordo com isso, o ABC começa pela criação de uma hierarquia de atividades e depois atribui os custos de acordo com a atividade envolvida. Ele considera as atividades reais que entram na produção de um produto específico (ou na prestação de um serviço específico) e tenta avaliar os custos dessas atividades. Em vez de alocar os custos totais de uma máquina ao longo de uma gama de produtos de acordo com uma fórmula, por exemplo, os contadores treinados em ABC estudam quanto tempo de máquina (incluindo a instalação) cada produto realmente requer, depois alocam os custos de acordo com isso. O ABC também focaliza os geradores de custos que podem orientar as alocações. O custo do departamento de recursos humanos, por exemplo, pode ser avaliado entre unidades de acordo com a contagem unitária.

O ABC tem se disseminado rapidamente, embora não tão rapidamente quanto seus proponentes esperavam. Um motivo para a hesitação é que ele envolve uma compensação: em nome da precisão, uma empresa precisa gastar mais tempo e recursos contando e medindo as atividades que geram custos. Uma empresa pode esperar um benefício claro da adoção desta idéia — e mesmo que haja tal benefício, será que ele é suficientemente grande para justificar a reprogramação dos sistemas necessários?

Resumo

Há muito mais a considerar do que o que foi discutido nessas páginas, mas os temas seguintes abordados aqui o ajudarão a ter uma idéia da importância das questões de contabilidade que afetam seu desempenho como gerente:

- Princípios contábeis geralmente aceitos, ou GAAP
- Regime de competência e de caixa

- Contabilidade de estoques
- Contabilidade de depreciação
- O tratamento contábil de *leasing*
- O princípio do custo histórico
- Contabilidade de custeio

Dessas questões de contabilidade, a contabilidade de custeio, provavelmente, é a que o gerente que não está diretamente envolvido nas finanças encontrará com mais freqüência. Ela pode ajudá-lo a compreender quais das suas operações ou produtos estão contribuindo economicamente para os lucros e quais não estão. A contabilidade de custeio também pode ajudar a evitar atribuições arbitrárias de despesas gerais que tornam impossível a avaliação de lucratividade válida. Para mais informações sobre contabilidade de custeio e outros temas abordados neste capítulo, veja as fontes relacionadas na seção Leituras adicionais, no final deste livro.

4

Tributos*

Noções fundamentais[1]

Principais tópicos abordados neste capítulo

- *Histórico*
- *Impostos diretos IRPJ e CSLL*
- *Regime de tributação das pessoas jurídicas*
- *Impostos indiretos*
- *Comentários finais*

*Em substituição ao texto original, específico do sistema tributário dos Estados Unidos, este Capítulo foi elaborado por equipe da Ernst & Young:
Redatores: Phelipe Toledo, Waldomiro Custódio e Thiago Chagas
Revisores: Ricardo Assunção e Artur Braga.

DIFERENTEMENTE DO MODELO americano, considerado um sistema tributário de estrutura flexível, o Brasil possui um sistema tributário de estrutura rígida, em que os impostos são previamente determinados e repartidos entre os entes da Federação por meio da Constituição Federal.

A Constituição Federal é, pois, responsável por definir as regras básicas aplicáveis a todos os tributos. É por meio dela que os poderes legislativos da União, dos Estados, do Distrito Federal e dos Municípios recebem permissão para criar tributos.

Em linhas gerais, podemos definir a estrutura do sistema tributário nacional da seguinte forma:

- À União compete a instituição exclusiva dos impostos sobre: importação (II); exportação (IE); propriedade territorial rural (ITR); rendas e proventos de qualquer natureza (IR); produtos industrializados (IPI); operações de créditos, câmbio e seguro ou relativas a títulos de valores mobiliários (IOF); grandes fortunas e impostos extraordinários de guerra.

- Aos Estados cabe a instituição dos impostos sobre transmissão por herança e doação de bens e direitos (ITCMD); sobre operações relativas à circulação de mercadorias e prestação de serviços de transporte interestadual e intermunicipal e de comunicação (ICMS); e sobre a propriedade de veículos automotores (IPVA).

Os Municípios, por sua vez, poderão instituir impostos sobre a propriedade predial e territorial urbana (IPTU), sobre os serviços (ISS) e sobre a transmissão de bens imóveis (ITBI).

Além dos impostos acima mencionados, a Constituição Federal deu ainda à União a possibilidade de criar as chamadas contribuições sociais, cuja finalidade principal é gerar recursos financeiros para a manutenção de entidades específicas do Poder Público.

Atualmente são três as espécies de contribuições sociais: as contribuições para a seguridade social (PIS, Cofins, CSLL, CPMF, INSS etc.), as contribuições de interesse de categorias profissionais ou econômicas (OAB, CREA, CRM etc.) e as contribuições de intervenção no domínio econômico (Cide royalties, Cide combustível etc.).

Histórico

Antes da Constituição de 88

O atual sistema tributário brasileiro passou por uma série de alterações antes de alcançar a presente estrutura. Inicialmente — durante o período compreendido entre o início da República e a promulgação da Constituição de 1934 — predominavam os impostos sobre o comércio exterior, dos quais advinha a maior parte da receita tributária brasileira.

Os impostos internos somente ganharam destaque a partir dos anos 30, com a constante queda no fluxo do comércio internacional. As atenções então se voltaram para o imposto sobre vendas e consignações, na esfera estadual, imposto predial e sobre serviços e profissões, na esfera municipal, e para o imposto sobre consumo, na esfera federal.

No início da década de 60 os impostos de base interna já correspondiam à maior parte da receita tributária do país. Durante a reforma tributária ocorrida na década de 60, buscou-se aliviar a carga tributária incidente sobre o setor produtivo, já à época considerada extremamente excessiva, eliminando o déficit fiscal e estimulando o crescimento econômico.

Após a Constituição de 88

O atual sistema tributário brasileiro, cujas diretrizes são dadas pela Constituição de 1988, é considerado um sistema ultrapassado por concentrar a tributação sobre a produção, a circulação de bens e serviços, bem como sobre os salários.

O ICMS é hoje o imposto de maior arrecadação. Em 2002, correspondeu sozinho a quase 8% do PIB brasileiro[2]. Se considerarmos a arrecadação conjunta de tributos sobre a produção/circulação e sobre os salários, o resultado chega a aproximadamente 27,6% do PIB nacional[3].

Ao contrário, portanto, do que ocorre nos países desenvolvidos, onde a tributação recai essencialmente sobre a renda, no Brasil ela incide fundamentalmente sobre bens e serviços, desestimulando o crescimento econômico.

O modelo atual é ainda criticado pela elevada carga tributária (aproximadamente 36% do PIB[4]), que chega a ser superior à de países como Alemanha, Canadá, Espanha e Estados Unidos.

Vejamos com mais detalhes alguns dos tributos que tornam, direta ou indiretamente, a carga tributária das empresas brasileiras tão elevada.

Impostos diretos — IRPJ e CSLL

No Brasil, sociedade e sócios não se confundem. São pessoas juridicamente distintas, inclusive para fins de tributação. Assim, normalmente, a renda das empresas (sejam elas Sociedades Simples, Limitadas, Anônimas etc.) é tributada tão-somente no âmbito da sociedade, exceto quando se tratar de Sociedades em Conta de Participação e de Consórcios[5], hipótese em que a legislação prevê um regime tributário diferenciado.

O imposto sobre a renda surgiu no Brasil em 1922. Desde então, houve diversas mudanças na legislação. Atualmente a tributação da renda das pessoas jurídicas é tão complexa que muitas pessoas e empresas se socorrem do auxílio de profissionais especializados na área.

Em linhas gerais, podemos dizer que a tributação da renda das pessoas jurídicas consiste basicamente em dois tributos:

i) o imposto sobre a renda das pessoas jurídicas (IRPJ) e

ii) a contribuição social sobre o lucro líquido (CSLL), que juntos totalizam aproximadamente 34%.

A alíquota de IRPJ a que as empresas estão sujeitas é de 15%, cabendo um adicional de 10% à parcela do lucro que exceda R$ 240.000,00 anuais, conforme será visto a seguir.

Assim, supondo que a sociedade XYZ obtenha, em determinado ano, lucro no valor de R$ 500.000,00, o adicional imposto deverá ser pago calculado da seguinte forma:

Lucro	500.000	
IRPJ (15%)	75.000	
Adicional IRPJ (10%)	26.000	(500.000 – 240.000) x 10%
Total IRPJ	101.000	

Além do IRPJ e seu adicional, o lucro das empresas está sujeito à CSLL à alíquota de 9%. Daí dizermos que a carga tributária sobre o lucro das empresas totaliza aproximadamente 34% (15% IRPJ + 10% Adicional de IRPJ + 9% CSLL).

Questão que se coloca é saber sobre qual valor deverá incidir esses 34%. Evidentemente, esse percentual incidirá sobre o lucro das sociedades. Ocorre que nem sempre essa tributação recairá sobre o lucro efetivo obtido pela empresa, ou seja, aquele apurado pela contabilidade, também denominado lucro líquido.

Algumas vezes esse valor será ajustado por determinação do Fisco com "adições", "exclusões" e "compensações" (Lucro Real). Outras vezes, esse valor será estimado pelo Fisco com base em um percentual do faturamento da sociedade, o qual varia de acordo com a atividade por ela desenvolvida (Lucro Presumido).

Regimes de tributação das pessoas jurídicas

Conforme visto acima, o lucro tributável de uma sociedade — o lucro sobre o qual recairá a tributação — pode ser obtido de duas maneiras:

i) através da utilização do regime denominado "Lucro Real"; ou

ii) através da utilização de um regime denominado "Lucro Presumido",

cabendo ao contribuinte, via de regra, escolher o regime de tributação que melhor lhe convenha. Essa escolha, todavia, deverá ser efetuada antes do início de cada exercício fiscal,[6] isto é, no final de dezembro do ano imediatamente anterior.

Regime de Lucro Presumido

O regime de Lucro Presumido é mais simples e menos burocrático que o Regime de Lucro Real. Nele, o Fisco considera como lucro da sociedade sujeito à tributação pelo IRPJ e CSLL uma parcela de sua receita bruta (1,6% – 32% de acordo com a atividade exercida pela sociedade), independentemente do lucro efetivo da sociedade. Daí porque o nome de Lucro Presumido.

No entanto, a utilização do Regime de Lucro Presumido é restrita a empresas cujas receitas brutas anuais não ultrapassem R$ 48 milhões no ano imediatamente anterior.

Além destas, também não podem optar pelo regime de lucro presumido algumas sociedades específicas determinadas pela legislação brasileira, notadamente, as instituições financeiras e equiparadas, as sociedades com lucros ou rendimentos oriundos do exterior e as que usufruam de benefícios fiscais.

Apesar de mais simples, a adoção do regime de Lucro Presumido obriga a empresa a apurar o IRPJ e a CSLL trimestralmente e pode vir a ser desvantajosa na hipótese da empresa operar em prejuízo ou quando sua margem de lucro for inferior ao percentual estimado pelo Fisco. Assim, é aconselhável consultar um especialista antes da escolha do regime de tributação a ser adotado.

Regime de Lucro Real

O regime de Lucro Real pode ser utilizado por qualquer sociedade, independentemente de seu ramo de atividade e valor total de receita bruta anual. Todavia, em razão de sua complexidade, as empresas que adotam o Lucro Real devem manter sua contabilidade nos termos da legislação comercial.

O denominado "Lucro Real" é o resultado obtido a partir do lucro efetivamente apurado por uma sociedade (lucro líquido), no Brasil e no exterior (tributação em bases universais), ajustado por:

i) "adições" — custos e despesas considerados indedutíveis pela legislação tributária;

ii) "exclusões" — notadamente rendimentos que não devam ser computados para fins de apuração do lucro real; e, por fim

iii) "compensações" de prejuízos fiscais de períodos anteriores.

As deduções permitem às sociedades diminuir o valor das rendas sujeitas à tributação. Conseqüentemente, a indedutibilidade de uma despesa implica no aumento dos valores sujeitos à tributação. Assim, um bom gestor deve ter conhecimento das despesas dedutíveis e indedutíveis. No regime de Lucro Presumido, todavia, a dedutibilidade das despesas é irrelevante, pois os tributos são calculados através de um percentual sobre o montante das receitas, em nada influenciando o valor das despesas.

São consideradas dedutíveis pela legislação tributária brasileira, via de regra, as despesas necessárias e essenciais às atividades das empresas.

Outro ajuste a ser efetuado na apuração do lucro real diz respeito às "compensações". A legislação brasileira permite que o prejuízo fiscal incorrido em um determinado ano seja compensado com o lucro dos exercícios subseqüentes (*tax loss carryforward*), sem limite temporal, desde que observado o limite máximo de 30% do lucro líquido do exercício ajustado pela legislação tributária (lucro real). O Brasil não permite, todavia, a compensação de prejuízos de um exercício com lucros obtidos em anos anteriores (*tax loss carryback*).

A seguir, exemplo resumido da apuração do lucro pelo regime de Lucro Real:

Lucro Líquido	600.000	
(+) Adições		
Provisão Indedutível	75.000	
(–) Exclusões		
Rendimentos não tributados	(175.000)	
Lucro Real ou Tributável	500.000	(600.000 + 75.000 – 175.000)
IRPJ (15%)	75.000	(500.000 x 15%)
Adicional IRPJ (10%)	26.000	(500.000 – 240.000) x 10%
CSLL (9%)	45.000	(500.000 x 9%)
Total IRPJ + CSLL	146.000	

Regime Especial Simples

O regime de tributação simplificado, também denominado "Simples", é um regime relativamente recente, que serve de opção para micros e pequenas empresas cujas receitas brutas anuais não ultrapassem R$ 1,2 milhão anual. Sua adoção dispensa a empresa da manutenção de alguns dos livros comerciais exigidos pela legislação brasileira.

O Simples abrange não somente os tributos incidentes sobre a renda (IRPJ e CSLL) como também o IPI, o PIS, a Cofins e a Contribuição Previdenciária, podendo ainda incluir o ICMS e o ISS dependendo de acordos com Estados e Municípios, respectivamente (comentaremos mais adiante sobre esses tributos).

No entanto, sua adoção está sujeita a uma série de limitações, entre as quais, a impossibilidade da empresa optante ter entre seus acionistas uma pessoa jurídica, um estrangeiro ou um residente no exterior.

As empresas optantes pelo Simples recolherão um percentual de sua receita bruta a título de tributo (3% – 8,6% dependendo do valor da receita bruta).

Impostos Indiretos

ICMS

O imposto sobre operações relativas à circulação de mercadorias e prestação de serviços (ICMS), de competência estadual, substituiu o antigo imposto sobre vendas e consignações e é o responsável pela maior parte da arrecadação, considerando todos os impostos que compõem a carga tributária brasileira nos âmbitos federal, estadual e municipal.

O ICMS varia de 0 a 35%, dependendo do tipo de operação e do Estado, incidindo sobre quaisquer transações que impliquem mudança de titularidade de mercadorias. Também estão sujeitas ao imposto as seguintes prestações de serviço:

i) transporte interestadual,

ii) intermunicipal e

iii) comunicação.

Questão polêmica acerca do ICMS diz respeito à denominada "guerra fiscal". A guerra fiscal ocorre quando, em busca de novos investimentos, os Estados concorrem entre si, concedendo isenções, incentivos e até financiamentos às empresas que neles se estabelecerem.

Esses benefícios, normalmente, são concedidos por Estados menos desenvolvidos que, dessa forma, tentam compensar as dificuldades logísticas com benefícios fiscais e financeiros, acarretando a guerra fiscal.

O imposto não incide em algumas operações, como por exemplo a de circulação de livros, jornais e periódicos ou as operações com mercadorias destinadas ao exterior.

IPI

O imposto sobre produtos industrializados (IPI), antigo imposto sobre consumo, incide, como regra, sobre a venda de produtos industrializados. O IPI é um imposto federal, mas parte de sua arrecadação é destinada aos Estados, ao Distrito Federal e aos Municípios.

Para fins de tributação pelo IPI, considera-se produto industrializado todo aquele que tenha sido submetido a qualquer operação que modifique a sua natureza ou a sua finalidade, ou o aperfeiçoe para o consumo, inclusive as operações de acondicionamento e embalagem.

As alíquotas do IPI podem variar de 0 a 365,63% conforme a essencialidade do produto. Isto significa dizer que artigos de luxo, supérfluos e de consumo desaconselhável (cigarro, bebidas etc.), que não são essenciais à população em geral, têm uma carga tributária mais elevada. A tributação da maior parte dos produtos, no entanto, situa-se abaixo dos 20%.

ISS

O imposto sobre serviços de qualquer natureza (ISS) é de competência dos municípios e substituiu o antigo imposto de indústrias e profissões, que constituía a principal fonte de receita tributária municipal.

O ISS incide sobre os serviços de qualquer natureza não compreendidos na competência tributária estadual, sendo sua alíquota variável entre 2 e 5% dependendo da espécie de serviço prestado e do Município.

Estão sujeitas ao recolhimento do ISS as empresas ou trabalhadores autônomos que prestem serviços tributáveis, excluindo aqueles que prestam serviços em relação de emprego, os trabalhadores avulsos, os diretores e membros de conselhos consultivo ou fiscal das sociedades.

PIS

O Programa de Integração Social (PIS) foi criado em 1970 para a formação de um fundo de participação destinado a proporcionar a integração dos empregados e o desenvolvimento das empresas. A partir de 1988, a arrecadação foi destinada a dois fundos de recursos para os trabalhadores, passando a financiar o programa de seguro-desemprego e o abono aos empregados que recebem até dois salários mínimos mensais.

O PIS é cobrado em duas modalidades:

i) sobre o faturamento (na prática, sobre a receita bruta), para pessoas jurídicas de direito privado com fins lucrativos e suas equiparadas pela legislação do Imposto de Renda; e

ii) sobre a folha de pagamento, quando se tratar de outras entidades específicas determinadas pela lei (templos, partidos políticos, instituições de educação e assistência social etc.).

Até novembro de 2002 a alíquota do PIS era de 0,65% para todas as empresas. A partir de então, a alíquota foi aumentada para 1,65%, passando a ser não cumulativa, isto é, deixando de incidir cumulativamente nas diversas etapas da cadeia produtiva. Na prática, no entanto, muitas sociedades têm acumulado créditos de PIS devido à dificuldade prática de compensá-los. Instituições financeiras, companhias de seguro e aquelas que adotam o lucro presumido para o cálculo do imposto de renda, entre outras, continuam usando o método e alíquota antigos.

Cofins

A Contribuição para Financiamento da Seguridade Social (Cofins), que substituiu o Finsocial, foi criada com a finalidade de custear os investimentos de caráter assistencial em alimentação, habitação popular, saúde, educação e amparo ao pequeno produtor.

São contribuintes as pessoas jurídicas em geral, exceto sociedades civis de prestação de serviços profissionais que não optarem pela tributação pelo lucro real ou presumido, entidades beneficentes e de assistência social e cooperativas.

A Cofins é calculada sobre o faturamento (na prática, sobre a receita bruta) das empresas. Sua alíquota passou de 2% para 3% em fevereiro de 1999 (4% para instituições financeiras a partir de setembro de 2003).

Outros Tributos de Importância

É importante mencionar ainda alguns tributos que também causam grande impacto na atividade empresarial brasileira e que contribuem para o aumento do "custo Brasil".

CPMF

A Contribuição Provisória sobre Movimentação ou Transmissão de Valores e Créditos de Natureza Financeira (CPMF) foi instituída em 1996 como uma contribuição social provisória para financiar as ações e os serviços de saúde. Criada originalmente para vigorar por 13 meses apenas e com uma alíquota de 0,2%, a CPMF já foi prorrogada por três vezes e hoje é imposta à alíquota de 0,38%.

Eficiente quanto a sua arrecadação — mais de 20 bilhões em 2002[7] — e muito criticada por representar mais um entrave à atividade econômica (incidência cumulativa, desestímulo à intermediação financeira e aumento do "custo Brasil"), a CPMF é cobrada na saída de recursos da conta bancária dos contribuintes.

A CPMF, que hoje destina também parte de seus recursos para financiar a seguridade social, estava prevista para durar até o final de 2004, ano em que sua alíquota seria reduzida para 0,08%. Com a atual Reforma Tributária, a CPMF pode ser prorrogada novamente, desta vez até o final de 2007, e sua alíquota, mantida em 0,38%.

Cide

A Contribuição de Intervenção no Domínio Econômico (Cide) é uma espécie de contribuição social criada para financiar as atividades econômicas que o Estado considera relevantes. Tais atividades são, em sua maioria, atividades que antes eram controladas pelos monopólios estatais e agora passaram a pertencer aos setores privados, tais como telecomunicações e combustíveis.

Atualmente desempenham papel de destaque na tributação brasileira a Cide Royalties e a Cide Combustíveis. Além dessas, existem ainda no Brasil os seguintes tipos de contribuições de intervenção no domínio econômico: Adicional de Frete para a Marinha Mercante (AFMM); Contribuição para o Fundo de

Universalização dos Serviços de Telecomunicação (Fust); Contribuição para o Fundo para o Desenvolvimento Tecnológico das Telecomunicações (Funttel); Contribuição para o Desenvolvimento da Indústria Cinematográfica (Condecine); e a Contribuição para Pesquisa, Desenvolvimento e Eficiência Energética.

Contribuições sobre a folha de salários

As contribuições sobre a folha de salários representam um custo significativo para empresas brasileiras e são as grandes responsáveis por desestimular novas contratações. Vejamos o porquê.

A contribuição para o Instituto Nacional de Seguridade Social tem por objetivo compor o orçamento da seguridade social e equivale a 20% do total da folha de salários dos empregados, calculada mês a mês.

De acordo com a atividade empresarial desenvolvida, é necessário também que a empresa recolha o Seguro de Acidente do Trabalho (SAT), que pode ser cobrado a 1, 2 ou 3% sobre a folha de salários.

A empresa brasileira deve ainda arcar com as seguintes contribuições sociais: Sesi/Sesc, Senai, Incra, Sebrae e o Salário Educação. Todas elas incidem sobre a remuneração mensal do empregado e podem chegar, conjuntamente, a um percentual de até 5,8%.

O Fundo de Garantia por Tempo de Serviço constitui-se num depósito obrigatório feito mensalmente pela empresa em uma conta administrada pelo Governo Federal. O FGTS corresponde a 8,5% da remuneração paga aos empregados, dos quais 8% são destinados ao empregado, enquanto 0,5% fica com o Governo. No caso de demissões de funcionários, a empresa brasileira ainda é obrigada a recolher uma contribuição social de 10% sobre o total das contribuições efetuadas ao FGTS[8].

IOF

O Imposto sobre Operações Financeiras (IOF), de competência da União, incide sobre operações de crédito, câmbio, seguro, operações relativas a títulos e valores mobiliários e operações com ouro (ativo financeiro).

O IOF sobre operações de crédito recai essencialmente sobre os empréstimo concedidos e é cobrado dos tomadores de crédito, no momento da concessão do empréstimo, a uma alíquota atual de 1,5% ao ano.

O IOF sobre operações de câmbio incide sobre as operações de troca de moedas e é devido no momento da liquidação do câmbio. Atualmente a maioria das operações de câmbio está sujeita à alíquota 0%, com exceção das operações envolvendo cartão de crédito brasileiro no exterior (alíquota de 2%) e empréstimo obtidos de fontes financeiras situadas no exterior com prazo médio mínimo inferior a 90 dias (alíquota de 5%).

O IOF seguros incide sobre seguros de vida, saúde, acidentes pessoais e de trabalho, seguro de bens e valores, entre outros, e é cobrado dos segurados no momento do pagamento do prêmio. A alíquota atual do IOF seguros é de 2% para seguros privados de assistência à saúde e de 7% para as demais operações de seguro, existindo ainda hipóteses de alíquota 0%.

O IOF sobre operações relativas a títulos e valores mobiliários, a exemplo do IOF sobre operações de câmbio, atualmente apresenta alíquota 0% para a maioria das operações.

Comentários finais

Como vimos, a carga tributária de um país pode diminuir consideravelmente a rentabilidade de um negócio, inviabilizando-o muitas vezes. Com isso, entender as diferentes formas de tributação e os diversos tributos são algumas das principais preocupações que se deve ter em mente antes de iniciar um empreendimento.

Assim como ocorrido na década de 60, a necessidade de mudanças substanciais no sistema tributário atualmente em vigor, que onera de forma excessiva a produção, ensejou a criação de uma série de propostas de emendas à Constituição.

Em geral, as propostas têm como principais diretrizes eliminar a "guerra fiscal" entre os entes da federação, evitar a tributação em cascata de alguns tributos e estender o caráter progressivo dos impostos, isto é, fazer com que os que tenham mais paguem mais.

Como todo e qualquer processo de reformulação, as reformas atuais já enfrentam inúmeros questionamentos e divergências que tornam incertos seus conteúdos. Entre os principais descontentamentos está o fato de que as reformas ora propostas não reduzirão a carga tributária incidente sobre as empresas. Muitas modificações, todavia, surgirão até sua aprovação final.

5

Operações de financiamento e crescimento

Financiando os diferentes estágios do crescimento

Principais tópicos abordados neste capítulo

- *Financiamento do início do negócio*
- *Financiamento de operações atuais*
- *Financiamento do crescimento*
- *Combinações adequadas de ativos e financiamentos*
- *Composições típicas de financiamento*

ESTE CAPÍTULO PROPORCIONA uma ampla visão do modo como as empresas usam as fontes internas e externas para financiar suas operações e crescer. Vários trechos usam os acordos de financiamento da eBay, a empresa de leilões *online*, para mostrar como uma empresa se vale de diferentes fontes de capital para estimular a expansão rápida.

Financiamento inicial

Quando Angus McDuff fundou uma empresa de artigos de madeira em 1963, estava bem preparado para se tornar independente. Sua transição de supervisor em uma pequena empresa de luminárias de madeira a proprietário de sua própria empresa foi direta. Como supervisor, ele conhecia tudo a respeito de modelar e talhar madeira para criar produtos comerciais e para consumo. Ele conhecia pessoalmente os fornecedores de materiais e estava freqüentemente em contato com os distribuidores de venda por atacado e a varejo dos produtos acabados de sua empresa.

McDuff aproveitou o último ano de seu emprego de forma produtiva. Em seu tempo livre, ele projetou uma pequena linha de cabides de madeira para chapéus, usou sua experiência no negócio de luminárias para calcular seus custos de produção e aprendeu muito sobre os canais de distribuição através dos quais seus novos produtos seriam vendidos. Assim, quando se afastou de seu emprego e tornou-se empresário, ele estava extremamente bem preparado.

Começar um empreendimento, contudo, exige mais que conhecimento. São necessários também ativos financeiros e de produção. McDuff calculou que ele precisaria de dinheiro suficiente, digamos US$3.000, para passar por um período inicial de três meses em que a geração de receitas de vendas seria mínima. Ele também precisaria de um estoque de madeira, acessórios e outros materiais. Esses itens de estoque de material seriam transformados em estoque de produtos acabados ao longo do tempo. E ele também precisava de dinheiro para pagar a propriedade, o seguro anual de responsabilidade civil e os primeiros três meses de aluguel de uma pequena oficina. Como analisamos no Capítulo 1, esses itens seriam os ativos circulantes de McDuff, cujo valor monetário é o seguinte:

Caixa		US$3.000
Estoque		
Madeira	US$800	
Acessórios	US$700	
Outros	US$500	
Estoque total		US$2.000
Despesas antecipadas		
Seguro (um ano)	US$800	
Aluguel (3 meses)	US$1.500	
Total de despesas antecipadas		US$2.300
Total de ativos circulantes		US$7.300

A empresa de McDuff, que ele decidiu que se chamaria Amalgamated Hat Rack Company, precisava de alguns ativos fixos também: um torno mecânico, algumas ferramentas elétricas e manuais, bancadas para a oficina e uma caminhonete para recolher a matéria-prima e fazer entregas aos clientes. Felizmente, Angus já possuía uma caminhonete e muitas ferramentas necessárias, e seu ex-empregador ficou feliz em vender-lhe dois tornos velhos e várias bancadas excedentes.

Com isso, Angus pôde completar a seção de ativos fixos de seu balanço:

Caminhonete	US$1.200	
Tornos	US$1.200	
Outras ferramentas	US$300	
Acessórios da oficina	US$300	
Total de ativos fixos		US$3.000
Total de ativos circulantes (como anteriormente)		US$7.300
Total de ativos fixos e circulantes		US$10.300

Observe que a caminhonete e outras ferramentas são itens que McDuff já possuía. Seu valor foi calculado pelo preço de mercado na época em que foram postas em serviço.

A necessidade de McDuff de US$10.300 em ativos pode não parecer muito, mas lembre-se de que era 1963, quando o dólar na verdade valia alguma coisa! Felizmente, Angus e sua esposa, Alice, tinham algum dinheiro disponível em sua conta de poupança, já possuíam a caminhonete e as ferramentas, e o tio de Alice ofereceu-se para colaborar com o restante, por meio de um empréstimo sem juros de US$5.000. "Você pode me pagar mil por ano", disse a ele. "E boa sorte com a empresa." Juntando tudo, eles tinham o financiamento de que precisavam para tocar a empresa.

E foi assim que a Amalgamated foi financiada. Você já viu o lado do ativo no balanço. Aqui estão os outros aspectos no final de 1963:

Passivos circulantes (parcela atual do empréstimo de 5 anos)	US$1.000
Passivos de longo prazo (empréstimo de 5 anos do tio de Alice)	US$4.000
Passivos totais	US$5.000
Patrimônio dos proprietários	US$5.300
Passivos totais e patrimônio dos proprietários	US$10.300

Como se pode ver, todas as contribuições de capital estão representadas no lado dos passivos do balanço, e o total equilibra exatamente os vários ativos no outro lado.

Muitas, se não a maioria das pequenas empresas, são inicialmente financiadas de um modo semelhante ao da Amalgamated — com as economias pessoais do proprietário/operador e com contribuições de amigos e parentes. Algumas pessoas chegam a recorrer ao cartão de crédito para obter o capital inicial, embora seja um recurso caro.

Condições de crédito

Muitas pequenas empresas obtêm condições de crédito de 30 a 60 dias de seus fornecedores como um componente de seu financiamento inicial (e contínuo). Por exemplo, a proprietária de uma loja de calçados pode ser capaz de obter US$3.000 em calçados de um vendedor, com o pagamento faturado para 60 dias. Se ela conhece seus clientes e montou seu estoque de maneira inteligente, é possível que consiga vender todos ou a maior parte dos calçados durante esse período de sessenta dias e usar a renda para pagar a conta no prazo. Na verdade, o fornecedor terá financiado essa parte do estoque da loja sem encargos — e este é um negócio melhor para o proprietário do que usar uma linha bancária de crédito ou outro recurso que envolva cobrança de juros. A condição de crédito, é claro, é um passivo circulante e deve estar refletido no balanço como se segue:

Ativos circulantes		Passivos circulantes	
Estoque	US$3.000	Contas a pagar	US$3.000

Se a vendedora de calçados vende todos os calçados por US$5.000, então o estoque cai a zero, mas o caixa aumenta em US$5.000. As contas a pagar ficam pendentes até que sejam saldadas. Há também impostos de renda a pagar sobre as vendas — neste caso, de US$800. E para manter os dois lados do livro razão em equilíbrio, o patrimônio dos proprietários aumenta em US$1.200, como se segue:

Ativos circulantes		Passivos circulantes	
Caixa	US$5.000	Contas a pagar	US$3.000
Estoque	US$0	Impostos a pagar	US$800
		Patrimônio do proprietário	US$1.200

É assim que os balanços se equilibram à medida que as transações são realizadas.

Bancos comerciais

Os banqueiros ficam nervosos, e com razão, com os empréstimos a empresas iniciantes, já que o índice de fracasso é alto. A maioria dos banqueiros locais só oferecerá empréstimos a um iniciante se estiver tranqüilo com a situação e as qualificações do solicitante.

O que faz com que os banqueiros fiquem tranqüilos? Os banqueiros fazem Três Grandes Perguntas antes de emprestar dinheiro, e raramente se separam de seu capital se não conseguem obter respostas satisfatórias para as três:

1. O solicitante será capaz de me pagar?
2. O caráter do solicitante indica que ele me pagará?
3. Se o solicitante não conseguir me pagar, há ativos negociáveis que eu possa assumir?

Em busca de uma resposta para a primeira destas perguntas, um banqueiro avaliará o empresário e o plano de negócios:

- O solicitante conhece o mercado e tem um plano viável para atendê-lo?
- O empresário tem a experiência ou o conhecimento — ou ambos — necessários para administrar este tipo de negócio com êxito?

- O plano de negócios é realista, completo e baseado em premissas razoáveis?
- As projeções de receita e custos são realistas e moderadas?

O banqueiro também questionará a adequação do financiamento do empreendimento, uma vez que um financiamento inadequado é o principal motivo do fracasso nos negócios.

Quem concede empréstimos à geralmente responde à segunda pergunta, "O caráter do solicitante indica que ele me pagará?", examinando o histórico de crédito do solicitante. Seja um financiamento de carro, hipoteca de casa ou empréstimo para empresa, um banqueiro procurará evidências de que o solicitante paga suas contas em dia.

A terceira pergunta, "O que posso assumir?", refere-se a *garantia extra*. A garantia extra é um ativo penhorado a quem empresta até o momento em que o empréstimo é quitado. Em um financiamento de automóvel, o credor retém o título do veículo e se certifica de que você deu uma entrada suficientemente grande para que o banco possa retomar o carro, vendê-lo e reembolsar plenamente os pagamentos, caso você não faça os pagamentos na data. Os empréstimos empresariais são semelhantes. O credor quer ver os ativos que, no caso de fracasso da empresa, possam ser vendidos para quitar o empréstimo. Esses ativos podem ser ativos circulantes, como dinheiro, estoque e contas a receber; podem também ser ativos fixos, como veículos, prédios e equipamento.

Financiamento do crescimento

Um número enorme de pequenas empresas fracassam ou são compradas por novos proprietários. A maioria das que tentam prosseguir permanece pequena. A loja de bebidas da esquina, o revendedor de automóveis do bairro, a empresa de administração financeira do outro lado da rua — mesmo que sobrevivam e prosperem, a maioria dessas empresas não ficará muito maior. Se os lucros aumentam, a maior parte desse crescimento será canalizado para as contas bancárias dos proprietários. Essas pessoas não almejam construir impérios; elas simplesmente tentam criar e manter um bom padrão de vida.

Mas de vez em quando o proprietário tenta ampliar seu sucesso inicial. Um proprietário de uma loja de bebidas abre uma loja em um bairro vizinho. Um revendedor de automóveis bem-sucedido assume a franquia de outra linha de veículos e abre um *showroom* no outro lado da cidade. A financeira bem-sucedida contrata mais profissionais da área de planejamento financeiro e patrimonial para expandir seus serviços e estender sua rede a uma população maior de clientes.

Alguns casos de crescimento da empresa são lendários por suas proporções. O falecido Dave Thomas, criador do Wendy's, seguiu o exemplo de Harlan Sanders (Kentucky Fried Chicken) e Ray Croc (McDonald's) e expandiu sua rede de lanchonetes por toda a América do Norte. Michael Dell expandiu sua empresa de computadores feitos sob encomenda, passando de uma única sala para o topo do Olimpo dos computadores pessoais, ultrapassando gigantes do setor, como a Hewlett-Packard, a IBM e a Compaq. A eBay, a empresa de leilões *online*, rapidamente ficou maior que o apartamento de seu fundador, e no período de sete anos passou a lidar com bilhões de dólares em transações. Em cada um desses casos, o financiamento lubrificou as rodas do crescimento. E este financiamento obviamente não veio de contas de poupança dos empresários, de seus amigos ou de parentes.

O financiamento do crescimento da eBay

Veja o caso da eBay, talvez a mais bem-sucedida empresa da explosão "ponto com". Se um negócio que era um passatempo doméstico, virou uma grande companhia em muito pouco tempo. A história da empresa ressalta o papel desempenhado por diferentes formas de financiamento.

A eBAy foi criada em 1995 por Pierre Omidyar, um jovem com experiência em desenvolvimento de *software* e comércio *online*. Omidyar deu início a sua empresa em um *site* gratuito fornecido por seu provedor de Internet. Seu único ativo na época era um escritório atulhado, uma velha mesa escolar e um *laptop*.

Seu negócio-passatempo cresceu rapidamente, o que o obrigou a comprar seu próprio servidor, contratar alguém para lidar com as contas e os cheques que chegavam pelos correios, e mais tarde transferir as operações de seu apartamento para um pequeno escritório. Omidyar e seu sócio, Jeff Skoll, logo começaram a ter salários anuais de US$25.000.[1]

Este período inicial de crescimento foi essencialmente autofinanciado: o dinheiro proveniente das transações pelo correio era suficiente para cobrir as despesas e os investimentos da empresa. Mas um período de crescimento explosivo estava próximo. No final de dezembro de 2000, essa pequena empresa *online*, que servia a um punhado de devotos dos leilões, passou a atender a 22 milhões de usuários. Na época, oferecia mais de oito mil tipos de produtos; em um determinado dia, a empresa relacionava mais de 6 milhões de itens para venda em forma de leilão e outros 8 milhões de itens na forma de preço fixo. Uma infra-estrutura considerável de espaço físico, suporte ao cliente, *software* próprio, sistemas de informação e equipamento era necessária para abrigar uma empresa com esse volume e mantê-la em atividade. A eBay usou sistemas desenvolvidos internamente para operar seu serviço de leilões e para processar as transações, inclusive cobrança e faturamento. Esses sistemas tinham de ser continuamente aperfeiçoados e ampliados à medida que aumentava o ritmo das transações no *site*.

Para manter as rodas do crescimento girando, a empresa gastou bastante em novas atrações e categorias do *site*. A eBay gastou US$4,6 milhões no desenvolvimento de produtos em 1998, US$24,8 milhões em 1999 e US$55,9 milhões em 2000. Somas cada vez maiores estavam sendo gastas em marketing, desenvolvimento de marca e aquisições que tinham por objetivo ampliar os serviços da empresa e estender seu alcance a outras partes do mundo.

Em pouco tempo a eBay tinha expandido drasticamente seus ativos de balanço. Aqui estão alguns números de destaque (arredondados para milhões) do relatório anual da empresa para o ano fiscal que terminou em 31 de dezembro de 2000:

Caixa e ativos de extrema liquidez: US$202 milhões

Investimentos de curto prazo: US$354 milhões

Investimentos de longo prazo: US$218 milhões

Ativos totais: US$1.182 bilhão

Com ativos totais de quase US$1,2 bilhão, a eBay estava a anos-luz de distância do apartamento de Pierre Omidyar.

No outro lado do livro razão estão os seguintes itens do mesmo balanço de 2000:

Passivos circulantes e dívidas de longo prazo: US$169 milhões

Patrimônio total dos acionistas: US$1.014 bilhão

Os passivos circulantes e de longo prazo neste caso são incrivelmente pequenos em relação à magnitude dos ativos da eBay. Assim, lembrando a equação do balanço

Ativos = Passivos + Patrimônio dos acionistas

você pode ver que uma grande porcentagem desses ativos é reivindicada pelos acionistas — na verdade, 86%.

Indo um pouco mais fundo, descobrimos que o crescimento impressionante da eBay foi financiado principalmente de duas formas: primeira, por fluxos de caixa provenientes de operações (autofinanciamento) e segunda, por financiamento externo. Vamos examinar essas fontes individualmente, já que são muito importantes para as empresas em crescimento.

Fluxos de caixa da eBay provenientes das operações

Como descrevemos no Capítulo 1, uma demonstração de fluxo de caixa totaliza o fluxo de caixa que entrou e saiu da empresa como resultado de operações, investimentos e atividades de financiamento. A Tabela 5.1 mostra os números da demonstração do fluxo de caixa da eBay dos anos de 1998 a 2000.

A primeira linha, o fluxo líquido de caixa gerado por atividades operacionais, mostra que a empresa tocou parte de suas operações e pagou salários de pessoal, impostos e outras contas (atividades operacionais) com o fluxo de caixa operacional. Além disso, o nível de fluxo de caixa positivo proveniente das operações cresceu substancialmente de ano para ano, ajudando a financiar o crescimento. Assim, uma parte importante do crescimento dos ativos da eBay foi financiada internamente, a partir de suas operações bem-sucedidas e lucrativas. Em vez de devolver um centavo de caixa que fosse para os acionistas na forma de dividendos, ela reinvestiu tudo na empresa. Isso é típico de empresas de crescimento rápido.

TABELA 5.1
Fluxo de caixa da eBay de 1998 a 2000 (em milhares de dólares)

	2000	1999	1998
Caixa líquido fornecido por atividades operacionais	100.148	62.852	6.041
Caixa líquido usado em atividades de investimento	(206.054)	(603.363)	(53.024)
Caixa líquido fornecido por atividades de financiamento	85.978	725.027	72.159
Aumento (diminuição) líquido no caixa e ativos de extrema liquidez	(19.928)	184.516	25.176
Caixa e ativos de extrema liquidez no fim do ano (depois de a contabilidade começar o balanço)	201.873	221.801	37.285

Fonte: Relatório 10-K da eBay, 2000.

Financiamento externo da eBay

O caixa gerado internamente foi suficiente para financiar operações nos primeiros tempos, mas não era suficiente para financiar o crescimento meteórico da eBay. Embora fossem grandes, as entradas de caixa da eBay provenientes das operações eram insignificantes em comparação com as saídas de caixa motivadas por investimentos durante o mesmo período. No melhor daqueles anos

(2000), o fluxo de caixa proveniente das operações cobriu pouco menos da metade da saída de investimento. Para compensar a diferença, a empresa tinha de recorrer a financiamento externo (descrito na linha intitulada "Caixa líquido fornecido por atividades de financiamento").

As demonstrações financeiras da eBay (volumosas demais para serem mostradas aqui) indicam que quase todo o seu financiamento externo assumiu a forma de capital de acionistas — isto é, a empresa e suas subsidiárias levantaram dinheiro vendendo ações (quase todas ações ordinárias) aos investidores. A primeira delas foi uma colocação privada de US$ 5 milhões com a Benchmark Capital, uma empresa de capital de risco do Vale do Silício. Em troca deste dinheiro, a Benchmark estava ganhando participação de 22% no patrimônio da eBay. O outro grande levantamento de capital na história da eBay foi a *oferta pública inicial* (IPO, initial public offering) de 1998. Como diz o nome, uma IPO é a primeira oferta de ações de uma companhia ao público. Uma IPO é um marco importante no ciclo de vida de uma empresa, porque a oferta marca a transição da empresa de privada para pública (de capital fechado para aberto). Como veremos no próximo capítulo, esse novo *status* abre oportunidades muito maiores para levantar capital social. O universo de potenciais fornecedores de capital se expande do círculo pequeno e fechado de investidores privados para um grupo muito mais amplo de investidores individuais, fundos mútuos e fundos de aposentadoria. Mas isso não é tarefa fácil! O fato de ter capital aberto submete a empresa a uma regulamentação e a um exame muito maiores. Subitamente (nos Estados Unidos), a empresa precisa redigir relatórios periódicos e regulares para a Comissão de Valores Mobiliários (SEC — securities and exchange commission), e o CEO e o diretor financeiro devem passar um bom tempo fazendo apresentações a investidores institucionais e analistas de papéis negociáveis.

Uma IPO é também uma oportunidade para os investidores existentes, inclusive os investidores de capital de risco e funcionários com opções de ações, de ganhar dinheiro com algumas ou todas as suas ações — transformando certificados de papel em dinheiro de verdade. Omidyar, da eBay, por exemplo, tinha 44 milhões de ações ordinárias da empresa antes da IPO. Na esteira da IPO e da alta do preço das ações nos meses seguintes, Omidyar ficou quatro vezes mais rico. O valor das ações da Benchmark aumentou a ponto de poder dar 49.000% de retorno sobre o investimento — um valor para o livro dos recordes!

Os gerentes financeiros da eBay e os banqueiros de investimento usaram o alto preço das ações da empresa e o apetite por ações para fazer outra emissão de ações ordinárias em 1999. Desta vez, a empresa auferiu mais de US$700 milhões, e a maior parte foi utilizada na campanha de expansão da empresa.

Outras formas de financiamento externo

Até agora, descrevemos neste capítulo o crédito comercial do fornecedor, os empréstimos bancários e as emissões de ações ordinárias como formas importantes de financiamento externo. As companhias de hoje também usam outras formas importantes de financiamento:

Títulos Negociáveis (*commercial paper*). As grandes companhias com boa situação de crédito freqüentemente usam a venda de títulos negociáveis para financiar suas necessidades de curto prazo. Elas usam esses títulos como uma alternativa de custo mais baixo ao empréstimo bancário de curto prazo. Os *títulos negociáveis* são títulos de dívida de curto prazo, que geralmente vencem num prazo de 2 a 270 dias. A maioria dos títulos é vendida com um desconto em relação a seu valor nominal e pode ser resgatada por seu valor nominal no vencimento. A diferença entre o preço de venda com desconto e o valor nominal é o atrativo para o comprador do título. Os investidores com superávit temporário de caixa são os compradores habituais dos títulos negociáveis; para eles, é uma forma razoavelmente segura de obter um retorno sobre seu caixa ocioso.

Obrigações. Uma *obrigação* é também um título de dívida (IOU, de "I owe you" ou devo-lhe, em português), em geral emitido com uma taxa de juros fixa e uma data de vencimento predeterminada. O emissor da obrigação tem o compromisso contratual de fazer pagamentos periódicos dos juros e resgatar a obrigação por seu valor nominal no vencimento. As obrigações têm vencimentos de curto, médio e longo prazos (por exemplo, de um a trinta anos). Geralmente, elas pagam uma taxa de juros fixa em uma base semi-anual. O Capítulo 6 aborda as obrigações com maiores detalhes.

Ações Preferenciais. Este tipo de cota de participação é semelhante a uma obrigação no sentido de que paga um dividendo predeterminado ao acionista a cada ano, e depois que as ações começam a ser comercializadas no mercado secundário, os preços das ações, como as obrigações, flutuam com as mudanças nas taxas de juros do mercado e a situação de crédito do emissor. Também como as obrigações, as *ações preferenciais* são utilizadas por algumas companhias como uma forma externa de financiamento de capital. As ações preferenciais serão analisadas mais detalhadamente no Capítulo 6.

A combinação de ativos e financiamento

Um dos princípios do financiamento — seja para iniciar uma empresa, manter suas operações ou estimular o crescimento — é fazer uma combinação adequada dos ativos e suas formas associadas de financiamento. O princípio geral é financiar os ativos circulantes (isto é, de curto prazo) com o financiamento de curto prazo, e os ativos de longo prazo com o financiamento de longo prazo ou permanente.

O uso de crédito comercial do fornecedor para financiar estoque, como descrevemos anteriormente neste capítulo, é um exemplo de combinação de ativos de curto prazo com financiamento de curto prazo. A proprietária da loja de calçados combinou o financiamento de sessenta dias com um ativo que ela acreditava que seria vendido dentro daquele prazo. Da mesma forma, a eBay financiou sua grande infra-estrutura de espaço físico, suporte ao cliente, *software* próprio, sistemas e equipamento com capital fornecido pelos acionistas — uma forma permanente de financiamento. Podemos identificar inúmeras empresas que seguem este princípio sensato. Quando os estados e os municípios constroem pontes, estádios esportivos, estações de tratamento de água e assim por diante, em geral os financiam com títulos de vinte a trinta anos — meios de financiamento cujos vencimentos combinam aproximadamente com a vida produtiva dos ativos.

Para entender por que este princípio é tão importante, considere primeiro o que poderia acontecer se você tentasse financiar a compra de sua casa nova (um ativo de longo prazo) com um empréstimo não-amortizável de US$200.000 a 8%, que deve ser quitado em três anos. De acordo com os termos do empréstimo, você pagaria US$16.000 em juros anuais, e depois seria obrigado a reembolsar os US$200.000 no fim do terceiro ano. Isso seria viável *se* você pudesse negociar outro empréstimo no fim dos três anos para substituir aquele que devia, e *se* as taxas de juros ainda fossem razoáveis. Mas existem dois *ses.* O dinheiro poderia ficar tão apertado que você não conseguiria um novo credor quando precisasse de um, ou o credor que você encontrasse poderia querer 10 ou 12%. Em qualquer caso, a execução da hipoteca seria bem provável. Você não poderia agüentar uma situação dessas, da mesma forma que um empreendimento de negócios não suportaria.

A situação oposta de incompatibilidade — emprestar a longo para financiar um ativo de curto prazo — é igualmente ruim. Algumas pessoas contraem segundas hipotecas de suas casas para financiar as férias de seus sonhos. Estas são as tentações dos empréstimos pessoais. As férias logo acabarão, mas os pagamentos terão de continuar. Nos negócios, esperamos que os ativos que adquirimos com dinheiro emprestado venham a produzir receitas incrementais (ou economia de custos) a taxas e em períodos mais que suficientes para pagar seus custos de financiamento. O mesmo pode ser dito do capital dos proprietários.

Uma visão do ciclo de vida do financiamento

Sua empresa ainda está na fase inicial? É uma empresa madura que já explorou a maior parte de seu crescimento potencial? Ou está em algum ponto entre esses dois extremos? É útil recuar e observar o ciclo de vida teórico do início, do crescimento e da maturidade da empresa. Isso nos ajuda a entender como e quando diferentes formas de financiamento — e diferentes instituições financeiras — entram em ação. Já observamos alguns destes em nossas descrições da Amalgamated Hat Rack, uma entidade fictícia, e a eBay, atualmente a empresa mais forte baseada na Internet. Aqui, consideramos um caso mais genérico, dividido arbitrariamente em quatro fases: Início, Crescimento 1, Crescimento 2 e Maturidade (Figura 5.1).

Início

A Amalgamated Hat Rack é um típico empreendimento de negócios. O fundador/administrador nesta fase precisa se esforçar para conseguir o capital necessário para adquirir ativos e financiar as operações. Este capital geralmente vem das economias pessoais, dos empréstimos ou do capital de amigos e parentes, e, em alguns casos, de "anjos" locais — profissionais de negócios que reconhecem uma oportunidade e querem participar como credores ou sócios minoritários. Um banco local também pode oferecer algum capital se a garantia for adequada. Embora muitas empresas nesta fase sejam incorporadas, suas ações habitualmente estão nas mãos de um grupo pequeno de pessoas, e essas ações não têm mercado real.

Crescimento 1

Durante esta fase, a empresa expande suas vendas e desenvolve uma base de clientes confiáveis. Em conseqüência, geralmente é necessário mais capital. Parte do capital, como vimos no caso da eBay, é gerado por meio do reinvestimento dos lucros das operações. Mas se o crescimento for grande, será necessário mais capital. Por ter provado sua credibilidade como uma operação de negócios, em geral a empresa pode obter capital externo mais facilmente do que podia antes.

FIGURA 5.1
Uma visão do ciclo de vida do financiamento

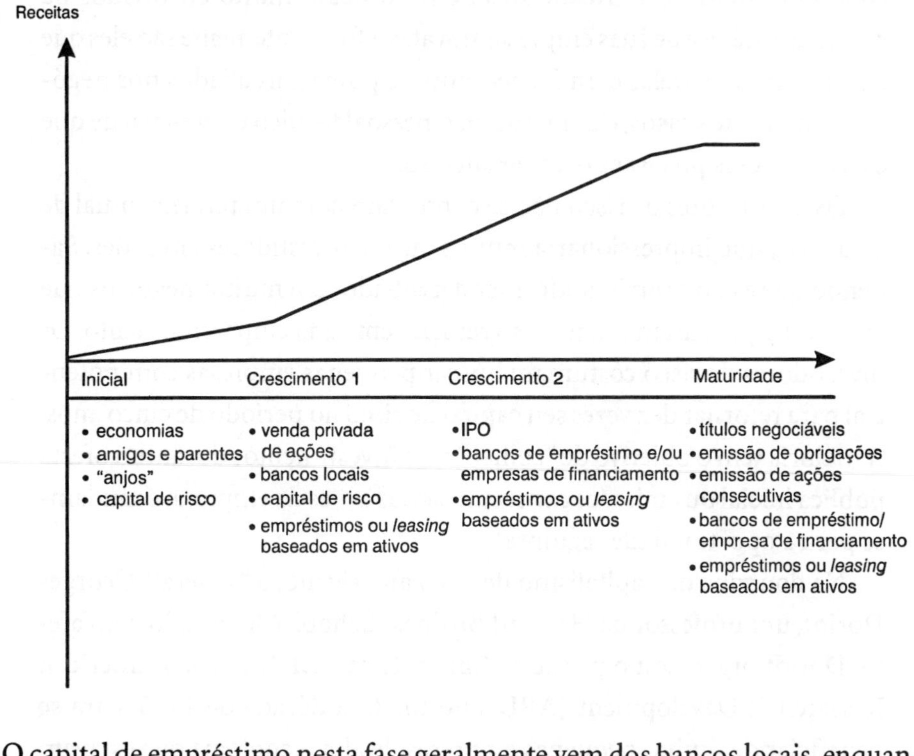

O capital de empréstimo nesta fase geralmente vem dos bancos locais, enquanto o capital social é reunido por meio da venda privada de ações a investidores locais. A empresa ainda é pequena demais para se tornar uma empresa de capital aberto. Em conseqüência, não pode alcançar mercados de capital mais amplos. Se a empresa está em um setor de forte crescimento ou se está prestes a produzir uma inovação com algum produto patenteado, que mude as regras do jogo, ela pode atrair a atenção de investidor em capital de risco.

Sobre investidores de risco

Um investidor de capital de risco ou uma empresa de capital de risco é um investidor de alto risco que procura uma posição acionária em uma empresa iniciante ou no começo de seu crescimento com alto potencial. Como retorno para o capital, o investidor de risco em geral fica com uma porcentagem significativa da propriedade da empresa e um assento no conselho diretor. Os investidores de risco ficam muito envolvidos na gestão estratégica de suas empresas novatas e freqüentemente são eles que fazem o contato delas com fornecedores e potenciais aliados nos negócios. Em muitos casos, eles recrutam o pessoal técnico e gerencial de que estas empresas precisam para ter sucesso.

Os investidores de risco não se contentam com um retorno anual de 15 a 20%, que impressionaria muitos outros investidores em ações. Sabendo que estão se arriscando a ser derrubados em muitos negócios que fazem, eles procuram um imenso retorno em cada empreendimento. Os investidores de risco costumam buscar pequenas empresas com potencial para retornar dez vezes seu capital de risco no período de cinco anos. A maioria tem o objetivo de "colher" seus investimentos durante a oferta pública inicial ou emissões consecutivas das ações da empresa, e mudam-se para a oportunidade seguinte.

Na doutrina do capitalismo de risco americano, o "general" Georges Doriot, um professor da Harvard Business School, é lembrado com afeto. Doriot organizou o primeiro fundo de capital de risco, o American Research & Development (ARD), no final da década de 1940, para se beneficiar de muitas pequenas empresas de alta tecnologia que estavam sendo incubadas nos laboratórios de pesquisa de Harvard e do MIT. Seu maior tento foi com a Digital Equipment Corporation (DEC), uma empresa fundada por Kenneth Olsen, um jovem engenheiro formado pelo MIT. Percebendo uma oportunidade, Doriot investiu US$70.000 na DEC em 1957. Em 1971, quando Doriot faleceu, esse investimento havia crescido para US$335 milhões.

Crescimento 2

Muitas empresas nunca vão além da primeira fase do crescimento. Mas as que conseguem têm acesso a um espectro mais amplo de oportunidades de financiamento — em particular, ações públicas e mercados de títulos. De certa forma, passam para esta segunda fase do crescimento empresas que provaram para fontes tradicionais de financiamento sua capacidade de gerar receita. A perspectiva de crescer ainda mais é o poderoso chamariz para os investidores, que esperam comprar ações enquanto ainda estão baratas e não foram reconhecidas — e esperar por uma carona lucrativa.

Os bancos locais também são fontes importantes de financiamento externo neste estágio. A empresa agora tem um histórico que inspira confiança na geração de receitas e no pagamento de suas contas. E tem ativos que ela pode usar como garantia. A empresa pode também ter crescido tanto que superou a capacidade de empréstimo de seu banco local, e neste caso pode apelar para um grande banco de empréstimos.

O principal momento na fase de Crescimento 2 é a IPO, que descrevemos no exemplo anterior da eBay. As IPOs são geridas por uma ou mais empresas de investimento selecionadas pela empresa emissora. Os banqueiros de investimento ajudam a empresa emissora por meio de exigências reguladoras rígidas de emissão de ações para o público. Mais importante, o banco de investimento e seu grupo de corretores proporcionam acesso direto a milhões de investidores potenciais: investidores individuais, fundos mútuos, fundos de pensão e administradores financeiros privados. O Capítulo 6 contém mais informação sobre os banqueiros de investimento.

Distribuir ações por meio de uma IPO é caro, envolvendo substanciais honorários pagos a contadores e advogados e um bom quinhão para o banco de investimento e seu grupo. Mas uma IPO bem-sucedida é o equivalente financeiro a uma transfusão de sangue. De repente, os cofres da empresa ficam abarrotados de dinheiro, que pode ser usado para pagar empréstimos, comprar de volta ações preferenciais que a empresa pode ter emitido e agora se arrepende, e financiar sua próxima rodada de crescimento.

Maturidade

As árvores não crescem até chegar ao céu. Nem as empresas que crescem continuam a crescer para sempre. Um dia, o crescimento termina por um motivo ou mais:

- O sucesso e a lucratividade atraem concorrentes para o mercado.
- A demanda pelo produto ou serviço é amplamente satisfeita (saturação de mercado).
- Uma mudança tecnológica.
- Uma perda de ambição, agilidade ou inovação à medida que a organização cresce e envelhece.

Qualquer que seja a causa, poucas empresas sustentam altas taxas de crescimento por mais de uma década. Isso não significa que o crescimento inevitavelmente pare e que não seja necessário o financiamento contínuo. Mesmo mercados saturados para produtos consolidados, como automóveis, continuam a se expandir incrementalmente à medida que a população cresce e as pessoas nos países em desenvolvimento tornam-se mais ricas e aumentam a demanda. E para uma empresa de US$1 bilhão, até um crescimento de 3% nas receitas pode exigir financiamento adicional. Assim, também, as empresas consolidadas estão freqüentemente envolvidas em fusões, aquisições, reestruturações ou outras atividades, e todas elas têm importantes implicações de financiamento.

Supondo-se que a empresa consolidada tenha bom crédito, ela tem muitas opções para financiamento externo adicional. Para necessidades de curto prazo, ela pode emitir títulos negociáveis, usar linhas de crédito bancário ou negociar um empréstimo a termo com um banco ou outras instituições financeiras, como companhias de seguros e fundos de pensão. A empresa consolidada pode usar seus ativos existentes e o fluxo de caixa como garantia para reduzir o custo dos empréstimos. Como alternativa, a empresa pode obter fundos significativos por meio dos acordos de venda e *leasing* descritos no Capítulo 3.

A empresa saudável e consolidada também tem acesso a mercados de capital aberto para dívida (obrigações) e capital social (ações). Aqui, o senso de oportunidade é muito importante. Normalmente a empresa quer vender suas obrigações quando as taxas de juros estão baixas e vender suas ações quando o preço delas está alto.

Resumo

Este capítulo descreveu como as operações e o crescimento costumam ser financiados em diferentes fases no ciclo de vida das empresas. Na fase inicial, elas geralmente dependem das seguintes fontes de financiamento:

- Economias pessoais e linhas de crédito.
- Empréstimos de amigos e parentes.
- Crédito comercial de trinta a sessenta dias dos fornecedores.
- Empréstimos de bancos comerciais.
- Investidores de risco (em geral reservados para iniciantes promissores).

As empresas que estão passando por um crescimento enfrentam o desafio de encontrar o financiamento para apoiá-lo. As empresas em crescimento geralmente dependem de alguma combinação de fundos gerados internamente e financiamento externo a partir da venda de patrimônio (ações) ou da venda de dívida (títulos negociáveis, obrigações ou ações preferenciais). Não analisamos os papéis desempenhados pelos mercados monetários e de capital, que são tema do Capítulo 6.

6

Mercados monetários e de capital

Outra opção para financiar o crescimento

Principais tópicos abordados neste capítulo

- *Mercados monetários*
- *Mercados de capital — primários e secundários*
- *Ações ordinárias e preferenciais*
- *Obrigações*

O CAPÍTULO 5 DESCREVEU como os ativos da empresa são financiados por meio de uma combinação de fluxo de caixa gerado internamente, dívidas e passivos de curto prazo e dívida de longo prazo, ganhos retidos e o capital dos proprietários. Este capítulo está relacionado com os mercados através dos quais o financiamento não-bancário de dívida e capital social são obtidos, especificamente os mercados monetários e de capital. Durante essa análise, você ficará sabendo como títulos negociáveis são emitidos em colaboração com os banqueiros de investimento. Você também aprenderá o básico dos títulos negociáveis do mercado de capital em geral usados pelas empresas para levantar fundos: as ações e várias formas de dívida.

Antigamente, os mercados monetários e de capital (coletivamente conhecidos como mercados financeiros) tinham abrangência local ou nacional; hoje em dia eles se espalham pelo planeta, ligando usuários e fornecedores de capital com a velocidade do comércio eletrônico. Eles formam canais que ligam o capital ao que parece ser seu uso mais elevado. Assim, um fabricante da região de Chicago, que planeja fazer uma nova fábrica mas não tem fundos suficientes, pode ser ligado através dos mercados de capital a um investidor alemão que quer obter um alto retorno sobre capital ocioso. Da mesma forma, um gerente de carteira de fundos mútuos em Boston pode canalizar parte de seu dinheiro através do mesmo mercado de capital a uma promissora empresa de Taiwan.

O acesso aos mercados monetários e de capital representa para a economia contemporânea o que o acesso ao alimento e à água significa para um organismo vivo — uma fonte de vitalidade, regeneração e crescimento. Este papel foi demonstrado no declínio e posterior colapso da economia do bloco soviético nos últimos anos do século XX. As economias ocidentais e seus parceiros comerciais no Extremo Oriente se beneficiaram imensamente de mercados financeiros eficientes e abertos. Graças a estes mercados, o dinheiro e o capital de longo prazo se transferiram de empresas e setores estagnados para outros com melhor tecnologia, gerenciamento superior e futuros mais brilhantes. O bloco soviético, enquanto isso, não tinha nenhum mecanismo para movimentar seu próprio dinheiro e capital e ficou de fora da rede de finanças ocidentais. Em seu lugar, as economias do bloco soviético dependiam da camaradagem e do julgamento dúbio de políticos e burocratas do Estado para alocar capital. O resultado foi o uso de capital insuficiente para escorar setores falidos — e o posterior colapso.

Mercados monetários

Quando precisam de financiamento de curto prazo para atravessar ciclos de negócios sazonais ou para outros fins, as companhias freqüentemente se voltam para o *mercado monetário*. Marcia Stigum e Frank Fabozzi têm uma boa definição para o mercado monetário: "Um mercado em que os grandes tomadores levantam dinheiro a curto prazo pela venda de vários instrumentos de dívida; ou seja, é um mercado de "novas emissões" para títulos de curto prazo. O mercado monetário é também um mercado secundário em que esses títulos, uma vez emitidos, são negociados ativamente."[1]

Os mercados monetários, então, são as instituições e canais de comércio através dos quais os instrumentos de dívida de curto prazo são originados e distribuídos. Nos Estados Unidos, esses instrumentos incluem:

- **Certificados de depósito:** depósitos a prazo com vencimento e taxa de juros específicos, emitidos por bancos e negociáveis através de um mercado secundário de corretores.

- **Títulos negociáveis:** IOUs não cobertos por seguros vendidos com descontos em relação ao valor nominal.
- **Letras do tesouro dos EUA:** títulos de dívida negociáveis com vencimentos de um ano ou menos; vendidos com descontos sobre o valor nominal.
- **Títulos desagiados:** notas emitidas pelo Federal Home Loan Bank e outros órgãos governamentais.

Estes instrumentos financeiros têm duas coisas em comum: eles são extramamente líquidos (isto é, podem ser vendidos facilmente a outros investidores quando se precisa de dinheiro), e representam um crédito de risco muito baixo para os investidores. Uma companhia como a Amalgamated Hat Rack, que tem mais dinheiro do que precisa para um mês ou mais, pode investir com segurança nesses instrumentos com a expectativa de que terá o dinheiro de volta *além de* receber uma quantia razoável de juros. Se a Amalgamated determina que não pode ficar com esses instrumentos até seu vencimento, então o tesoureiro da empresa pode vendê-los no mercado secundário. No outro lado da mesma transação, alguma outra entidade (o Tesouro dos EUA, outro órgão governamental ou uma empresa pública) está usando o mercado monetário para vender suas IOUs de curto prazo com o objetivo de levantar capital.

Onde está localizado o mercado monetário? Na verdade, o mercado monetário não está em nenhum lugar específico. É uma rede mundial de revendedores — a maioria deles bancos de empréstimo localizados nos maiores centros financeiros ocidentais — que compram e vendem por sua própria conta. O alcance global do mercado tem o efeito de estabelecer taxas razoavelmente uniformes em todo o mundo para a dívida de curto prazo. Assim, uma companhia que quer vender seu título negociável pela menor taxa de juros possível pode às vezes se desviar das altas taxas locais e vender seu título onde as taxas para o mesmo vencimento e os mesmos fatores de risco sejam mais baixas. O lugar pode estar do outro lado do país ou do outro lado do planeta. Qualquer companhia ou indivíduo pode investir em instrumentos do mercado monetário. Mas o contrário não é verdadeiro. Somente as maiores companhias com o melhor crédito podem vender seus títulos através do mercado monetário. Entidades como a Amalgamated são pequenas demais para serem emissoras.

Mercados de capital

A expressão *mercados de capital* descreve os mercados em que os instrumentos de dívida de longo prazo (obrigações) e títulos de participação, acionária (lotes de ações) — inclusive colocações privadas — são emitidos e comercializados. Como o mercado monetário, os mercados de capital incluem componentes primários e secundários. O mercado primário consiste em revendedores de títulos e instituições financeiras que emitem papéis recentemente lançados para o público investidor. O mercado secundário inclui esses revendedores do mercado primário e mais uma rede de corretores de mercado de balcão (por exemplo, a Nasdaq) e bolsas de valores organizadas, como a Bolsa de Valores de Nova York e a Bolsa de Tóquio. O mercado secundário proporciona oportunidades para a compra e a venda de papéis depois de sua emissão inicial.

O mercado primário: a eBay revista

Para entender como os mercados de capital funcionam, vamos voltar a nossa discussão anterior da eBay, a empresa de leilões *online*, que começou suas operações no apartamento de seu fundador em 1995. A empresa foi incorporada como eBay Inc. na Califórnia em maio de 1996. Até este ponto, seu crescimento foi essencialmente autofinanciado por intermédio de fluxos de caixa internos. Um ano depois, ela vendeu uma participação de 22% à empresa de capital de risco Benchmark Capital em troca de US$5 milhões.

Até então, o financiamento da eBay tinha sido inteiramente privado — e fora do reino dos principais mercados de capital. Mesmo uma venda subseqüente de uma série de ações preferenciais foi feita em segredo para um grupo de prósperos investidores privados.

Como descrevemos no Capítulo 5, a eBay procurou os mercados públicos de capital em busca de financiamento pela primeira vez em setembro de 1998, com a oferta pública inicial de ações ordinárias. O modo como essa IPO foi realizada é típico e revelador das formas como age o mercado primário de ações societárias. Como outras companhias ansiosas para penetrar no profundo lago do capital social, a eBay recorreu à ajuda de uma empresa bancária de investimentos — neste caso, a Goldman Sachs.

Um banco de investimentos não é como os bancos comuns que conhecemos. Seu negócio não é receber depósitos de poupadores e fazer empréstimos. Em vez disso, ele atua como agente e negociante para muitas entidades de negócios em busca de capital. Em troca de apreciáveis honorários e uma parte das ações, o banco de investimentos tem várias funções:

- **Ajudando a companhia emissora a adaptar-se à regulamentação.** Especificamente, o banco de investimento ajuda a companhia a superar as barreiras da regulamentação que acompanham a emissão de títulos. Essas barreiras incluem o desenvolvimento de um prospecto, chamado de "uma pista falsa". Em sua forma preliminar, o prospecto deve apresentar a empresa de modo transparente, seus negócios e suas finanças a possíveis investidores.

- **Fixando os preços dos títulos a serem oferecidos.** Quando ações são oferecidas ao público pela primeira vez, ninguém sabe com certeza como devem ter seus preços fixados. Como as ações não foram negociadas antes por compradores e vendedores, não há certeza de um preço de mercado. A companhia em busca de capital naturalmente vai querer que o preço de suas ações seja o mais alto possível no mercado — para maximizar assim o dinheiro que irá para seus cofres. Mas os investidores esperam que uma nova emissão tenha seu preço fixado em um valor por ação que represente uma espécie de barganha comparada com títulos amadurecidos. Como especialista nesta difícil área de fixação de preços, o banco de investimento deve servir de mediador entre esses objetivos díspares.

- **Providenciando a distribuição das ações.** A companhia emissora pode ter as ações, mas o banco de investimento tem acesso aos potenciais compradores delas. Ao reunir um grupo de negociantes-corretores de distribuição, o banco de investimento garante que pode "transferir a mercadoria" para as carteiras de fundos de pensão, fundos mútuos e investidores individuais. Na maioria dos casos, o banco de investimento retira as ações das mãos da companhia emissora a um determinado preço, aumenta o preço para um nível lucrativo predeterminado e usa seus próprios canais de distribuição e os de seus parceiros associados para vendê-las ao público investidor. Neste sentido, o banco de investimento assume o risco da venda de milhões de ações.

Isto, em resumo, descreve o papel de um banco de investimento em uma oferta pública inicial. No caso da eBay, a Goldman Sachs era a principal subscritora de um grupo de bancos de investimento que incluía a Bancamerica Robinson Stephens e o BT Alex Brown — todos grandes jogadores.

No período que conduziu à IPO da eBAy, seu CEO e seu diretor financeiro fizeram um "*road show*" de dez dias por 21 cidades; uma série de apresentações para a comunidade de investimentos. Um "*road show*" é o procedimento padrão nas emissões de ações; é planejado para explicar os negócios da empresa emissora e despertar interesse na oferta.

O ambiente de investimento da época era decididamente confuso. A Dow Jones Industrial Average estava tendendo para baixo, e o índice Nasdaq tendia para menos de 2.000. O grande *boom* das empresas de alta tecnologia e ponto com que mandaria o Nasdaq para a faixa dos 5.000 ainda estava no horizonte. Mesmo assim, acreditando que a época era a certa, a eBay e seus banqueiros de investimento seguiram em frente com a oferta em 24 de setembro de 1998. De acordo com o relatório anual da empresa, pouco mais de 4 milhões de ações foram vendidas, rendendo à empresa novata mais de US$66 milhões. Esses fundos foram para o "Fundo de guerra" que a gerência da eBay usaria para financiar seu crescimento nos anos seguintes.

O mercado secundário

Depois que as ações de companhias de capital aberto são emitidas por meio de uma distribuição primária, elas começam a ser comercializadas no que é chamado de mercado secundário. O mercado secundário compreende bolsas de ações e títulos, como a Bolsa de Valores de Nova York, e as redes de corretores de mercado de balcão, que compram e vendem para suas próprias contas e carteiras. A Nasdaq é um exemplo desta rede.

Em termos de finanças empresariais, a companhia emissora não recebe nenhuma renda das transações que ocorrem no mercado secundário. Embora ela possa estar fervendo de compras e vendas, e embora o preço das ações da empresa possa chegar às alturas depois que comecem a ser comercializadas, nada disso muda o valor resultante para a empresa. Tudo é negociado entre acionistas compradores e vendedores.

Isso não significa que as companhias sejam indiferentes aos preços de suas ações nos mercados secundários. A administração da companhia na verdade está ansiosa para ver que os preços de suas ações estão altos e subindo. De uma certa maneira, seu interesse é pessoal: a maioria dos executivos e membros de conselho diretor e muitos funcionários são proprietários das ações de suas empresas ou têm opções de compra; sua fortuna pessoal aumenta e diminui com os preços negociados.

Em termos de política empresarial, também há boas oportunidades de financiamento ligadas a um preço saudável das ações. Primeiro, muitas companhias financiam suas aquisições orientadas para o crescimento com uma combinação de dinheiro e um lote de suas próprias ações. Por exemplo, uma companhia pode comprar outra empresa com US$100 milhões, em dinheiro, e meio milhão de ações de suas próprias ações ordinárias. Assim, quanto mais alto é o preço das ações, maior é o poder de compra da empresa. Segundo, as empresas em crescimento periodicamente descobrem ser necessário retornar para o mercado em busca de mais capital social. Isto é, elas levantam capital adicional emitindo mais ações para o público. A história recente da eBay é um exemplo das duas motivações.

A IPO da eBay foi estimada no que agora parece uma pechincha — aproximadamente US$8 (ajustados para desdobramentos, ou *splits*, subseqüentes). Depois que essas ações começaram a ser comercializadas no mercado de balcão, as ofertas entusiasmadas empurraram drasticamente o preço para cima. O frenesi pontocom que se seguiu e a posição singular da eBay, como o único empreendimento de leilões *online* que realmente dava lucro, fizeram o resto. Em seis meses, o preço das ações da empresa tinha se multiplicado aproximadamente por 15.

A eBay, em rápida expansão, empregou o alto preço de suas ações como uma forma de moeda e o utilizou para financiar uma enxurrada de aquisições. Em maio de 1999, por exemplo, ela fez três aquisições importantes, cada uma delas com o objetivo de aumentar o fôlego de seus negócios essenciais. Estas foram a Butterfield & Butterfield, um leiloeiro estabelecido que a eBay adquiriu por aproximadamente 1,3 milhão de ações ordinárias da eBay. A Kruse, Inc., uma especialista em leilões de carros clássicos, foi outra. Também foi adquirida inteiramente com ações ordinárias da eBay. Da mesma forma a Billpoint, uma pequena empresa que tinha desenvolvido uma solução de faturamento e pagamento que permitia aos indivíduos e pequenos comerciantes aceitar cartões de crédito como pagamento para transações de vendas pela Internet. Nem um centavo de dinheiro foi usado nessas negociações.

Ávida por continuar com sua expansão, em 1999 a gerência da eBay novamente tirou proveito do alto preço das ações — desta vez em outra oferta de 5 milhões de novas ações. O evento de 1999 acrescentou mais de US$713 milhões em capital social adicional ao balanço. Assim, embora nenhum dos produtos do comércio da atividade de mercado secundário vá para suas empresas listadas, um forte preço das ações facilita outras formas de financiamento, como mostra o exemplo da eBay.

Valores mobiliários do mercado de capital

Agora que você compreende como funcionam os mercados de capital, vamos considerar os tipos básicos de valores mobiliários que as companhias emitem para o publico investidor a fim de levantar capital para operações e expansão. Três deles que você deve conhecer são: as *ações ordinárias*, as *ações preferenciais* e as *obrigações*.

Ações ordinárias

As ações ordinárias são a classe em que você geralmente pensa quando se fala em ações. Cada lote de ações ordinárias representa uma participação fracionária na companhia que as emite. Aqui estão as características mais importantes das ações ordinárias:

- **Direito de voto.** Em geral os proprietários são autorizados a votar na escolha dos membros do conselho e em outras questões. Algumas classes de ações ordinárias, contudo, não têm nem direito de voto ou têm direitos limitados de voto.
- **Dividendos.** Um lote de ações dá a seus proprietários o direito de receber dividendos em uma base *pro rata*. Assim, se você possuía 5% das ações emitidas em circulação de uma companhia, você teria o direito de receber 5% de todos os dividendos declarados por seu conselho de diretores.
- **Participação residual.** Os acionistas ordinários estão no fim da fila em termos de distribuições em casos de liquidação. Seus interesses estão subordinados aos credores e detendores de obrigações, a quem a companhia é contratualmente obrigada a reembolsar. Os direitos de credores cobertos e não cobertos por seguro, detentores de obrigações e acionistas preferenciais devem ser considerados primeiro.

Ações preferenciais

As *ações preferenciais* são um tipo de ações que, semelhante às obrigações, pagam um dividendo específico. Além disso, os acionistas preferenciais estão à frente dos acionistas ordinários no que se refere a qualquer pagamento de dividendos e qualquer distribuição de ativos em liquidação. Isso significa, entre outras coisas, que a companhia não pode distribuir um centavo de dividendos a acionistas ordinários antes que tenha cumprido suas obrigações de dividendos para com os acionistas preferenciais.

Sobre os dividendos

Um *dividendo* é uma distribuição de ganhos da empresa aos acionistas depois dos impostos. Os dividendos são declarados pelo conselho diretor da companhia. O conselho não tem obrigação contratual, para com os acionistas ordinários, de declarar um dividendo. Em geral, ele preferirá reter na empresa todos ou a maior parte dos ganhos depois dos impostos se esses fundos forem necessários para o crescimento lucrativo. Os teóricos financeiros sustentam que os ganhos da empresa devem ser distribuídos quando e se os retornos sobre o investimento da companhia forem menos promissores do que aqueles que os acionistas individuais poderiam obter por conta própria. Esta idéia é complicada pela exigência de que os acionistas paguem um segundo imposto sobre os ganhos distribuídos como dividendos.

Os dividendos são geralmente pagos em dinheiro e trimestralmente, mas podem também assumir a forma de ações adicionais. Assim, um proprietário de mil ações pode receber dez ações adicionais em vez de um dividendo em dinheiro. Há um caso em que um famoso fabricante de uísque pagou seus dividendos aos acionistas com garrafas de seu produto!

Apesar de sua posição superior em relação às ações ordinárias, as ações preferenciais têm vários inconvenientes. Em geral, os donos dessas ações têm direitos de voto limitados ou nenhum direito. E, com exceção de preferenciais conversíveis e das raras ações "preferenciais participativas", os acionistas preferenciais não se beneficiam das fortunas crescentes da empresa. Além disso, ao contrário das ações ordinárias, a maioria das ações preferenciais é resgatável por seu emissor — isto é, a companhia emissora pode resgatá-las por um preço específico se for vantajoso para ela.

As ações preferenciais não são atraentes para muitos gerentes financeiros de companhias americanas em busca de capital. O motivo tem a ver com o Código Tributário dos Estados Unidos, que permite que a companhia deduza os juros pagos sobre a dívida mas não sobre os dividendos que paga aos acionistas. Graças a isso, os dividendos (tanto a acionistas ordinários como a preferenciais) são pagos com os ganhos depois dos impostos. Diante desta situação, a maioria dos diretores financeiros prefere levantar capital por meio da venda de obrigações — cujos juros são dedutíveis — e não pela emissão de ações preferenciais, cujos gastos com dividendos não são dedutíveis.

Obrigações

Uma *obrigação* é um título de dívida do mercado de capital. A obrigação tradicional tem estas características:

- Um valor nominal, em geral de US$1.000 ou múltiplo disso.
- Uma data de vencimento em que o emissor deve reembolsar (isto é, resgatar) a obrigação pelo seu valor nominal; obrigações recém-emitidas têm vencimentos num prazo de um a trinta anos.
- Uma taxa de juros anual fixa (por exemplo, 5% do valor nominal), em geral pagável a intervalos de seis meses, seja por meio de cupons, seja por pagamento direto ao detentor da obrigação.

Além desta forma tradicional, a engenharia financeira produziu dezenas de variações de obrigações, cada uma delas planejada para atender às necessidades financeiras de determinados emissores e atrair um ou mais tipos de investidor. Aqui estão algumas variações dignas de nota:

- **Obrigação de cupom zero.** Este tipo de obrigação tem um valor nominal declarado e vencimento, mas não tem taxa de juros declarada e não faz pagamentos periódicos. Em vez disso, é emitida com um desconto sobre o valor nominal, que é pago no vencimento. Os juros envolvidos são a diferença entre o preço de emissão e o valor no vencimento. Por exemplo, se uma obrigação de cupom zero é emitida por US$700 com um valor nominal de US$1.000 e um vencimento em cinco anos, então a taxa anual composta de retorno ao investidor é de 7,4%.
- **Obrigações conversíveis.** Este tipo de obrigação geralmente é emitido com uma taxa de juros inferior à taxa de mercado para obrigações "diretas". O emissor pode escapar impune porque sua obrigação contém um dispositivo por meio do qual o controlador pode converter a obrigação em um número específico de ações ordinárias por um preço determinado. Assim, o detentor da obrigação recebe juros sobre seu capital *e* tem uma oportunidade de se beneficiar da futura boa sorte do emissor. Geralmente, este tipo de obrigação é emitido com um preço conversível que é maior que o preço corrente das ações da empresa.

  Da perspectiva do financiamento empresarial, as obrigações conversíveis podem ser atraentes. Eles geram capital de longo prazo a taxas de juros inferiores às do mercado (seu pagamento é também dedutível dos impostos). E se o preço das ações da empresa aumentasse significativamente, então os detentores passariam para as ações ordinárias, eliminando a obrigação da companhia de manter os pagamentos dos juros e resgatar o valor nominal das obrigações. Os credores são convertidos em acionistas sem custo ou aborrecimento. Em geral, o preço mais alto das ações é uma conseqüência do crescimento da companhia.

- **Títulos com taxa flutuante e ajustável.** Durante períodos de taxas de juros voláteis, é difícil emitir obrigações com juros fixos. Mesmo quando suas taxas declaradas são altas, os investidores se preocupam com a possibilidade de as taxas tornarem-se ainda mais altas, deprimindo o valor de mercado dessas obrigações. Os diretores financeiros não têm grande entusiasmo por obrigações emitidas com altas taxas de juros, já que isso os prende a grandes despesas com juros de longo prazo. Uma solução é a taxa flutuante, ou ajustável, cuja taxa de juros é fixada a um índice estipulado e ajustada a intervalos determinados. Por exemplo, um título com taxa ajustável pode ser emitido com uma taxa de juros de 6%, com um acordo contratual de que a taxa será reajustada no primeiro dia útil de cada ano à média atual baseada nas obrigações do Tesouro americano em um período de dez anos, mais 0,5%. As taxas de juros flutuantes garantem aos investidores que eles receberão a taxa de juros corrente do mercado e que seus títulos terão seu valor no mercado secundário. Além disso, essas obrigações garantem aos gerentes financeiros das companhias que eles não incorrerão em despesas maiores de juros do que exige o ambiente de taxas.

Como no caso das ações, as obrigações têm mercados primários e secundários. Elas são emitidas no mercado primário (novas emissões) com a ajuda de bancos de investimento e seus grupos distribuidores de corretores. Fixar o preço de uma obrigação, contudo, é menos desafiador do que fixar o preço de uma IPO de ações, uma vez que o preço das obrigações é, em grande parte, uma função de três fatores: 1) a situação de crédito do emissor, 2) a taxa de juros do mercado predominante para as obrigações com a mesma classificação de crédito e vencimentos, e 3) a liquidez antecipada da obrigação no mercado secundário.

A situação de crédito, ou risco de inadimplência, merece atenção especial aqui. As obrigações de dívida do governo americano são consideradas isentas de risco para o reembolso, já que se acredita que o governo jamais faltará com suas próprias obrigações. Os emissores societários de dívida são outra questão. Eles podem — e algumas vezes fazem — deixar de cumprir suas obrigações para com detentores de dívidas. Na avaliação da situação de crédito, os investidores dependem da classificação atribuída a diferentes emissões por algumas empresas comerciais de classificação: Moody's, Standard & Poor's, Duff & Phelps e Fitch Investors Service. A Moody's, por exemplo, classifica os títulos de dívida da seguinte maneira: Aaa, Aa, A, Baa, Ba, B, Caa, Ca, C. As classificadas como Aaa representam a qualidade mais alta, enquanto a classificação C está ligada a títulos de dívida com pequena probabilidade de receber qualquer valor de investimento. Naturalmente, um emissor com uma classificação B terá de fixar o preço de novas obrigações a uma taxa de juros mais alta do que uma empresa com a classificação A, embora o vencimento e outros termos da obrigação sejam idênticos. Os investidores insistem em um retorno maior para um nível de risco maior.

Depois que uma nova emissão de obrigações é lançada através de distribuição primária, ela pode começar a ser comercializada no mercado secundário. Ali, os preços tendem a flutuar com a mudança nas taxas de juros do mercado, as classificações de crédito de emissores específicos e à medida que as obrigações individuais se aproximam de seu vencimento.

Resumo

Este capítulo descreveu os mercados monetários e de capital aos quais as companhias recorrem em busca de financiamento.

- O mercado monetário é a fonte de financiamento para a qual elas se voltam quando precisam de financiamento de dívida de curto prazo. Nos Estados Unidos, os instrumentos de dívida originados e distribuídos pelo mercado monetário são certificados de depósito, títulos negociáveis as companhias s letras do Tesouro dos EUA e títulos descontados do Federal Home Loan Bank e outros órgãos governamentais.

- Os mercados de capital são aqueles em que a dívida de longo prazo (obrigações) e os valores mobiliários (ações) são emitidos e comercializados.

Como descrevemos neste capítulo, os mercados monetário e de capital são um campo de jogo que reúne quatro diferentes tipos de participantes:

1. Entidades de negócios — os usuários de capital — vêm para o mercado monetário para obter financiamento de curto prazo e taxas competitivas; elas vêm para os mercados de capital em busca de capital de médio e longo prazos.
2. Os banqueiros de investimento atuam como seus treinadores e agentes na procura por estes fundos.
3. Os investidores institucionais e individuais abordam esses mercados com suas próprias metas: eles buscam retornos sobre seu capital que sejam proporcionais aos riscos conhecidos.
4. Os órgãos reguladores do governo — principalmente a Comissão de Valores Mobiliários dos Estados Unidos — agem como árbitros, fazendo o que podem para garantir um campo de jogo caracterizado pela plena e completa transparência.

A interação eficaz desses quatro grupos de participantes garante um fluxo livre de capital para usos superiores.

7

Planejamento orçamentário

Prevendo o futuro financeiro de sua empresa

Principais tópicos abordados neste capítulo

- *Funções essenciais da elaboração do orçamento*
- *Tipos de orçamento e seus objetivos*
- *Criação de um orçamento operacional*
- *Criação de um orçamento de caixa*
- *Aplicação da análise de sensibilidade aos orçamentos*

"AI, MEU DEUS, O ORÇAMENTO DE NOVO" é um refrão comum entre os gerentes. A preparação do orçamento pode causar estresse e conflito e pode consumir muito tempo. Mas os bons orçamentos valem o tempo e o aborrecimento.

Se você é o proprietário ou o gerente de uma pequena empresa com poucos recursos de caixa, um bom orçamento pode ser a diferença entre o sucesso financeiro e a insolvência — ou a incapacidade da empresa de se expandir até seu potencial pleno. O processo de preparação do orçamento o obriga a calcular quanto de cada produto ou serviço você irá produzir e vender, o custo desses itens, o ritmo em que as contas a receber são recolhidas, as despesas gerais e os impostos. Esses números dão uma previsão dos meses ou do ano seguintes. Um bom orçamento o ajuda a avaliar se a empresa terá ou não recursos financeiros adequados para seguir em frente. Para as grandes empresas, a previsão e o planejamento orçamentário proporcionam um benefício semelhante. E o orçamento resultante — para unidades isoladas de operação e para a empresa como um todo — pode ser um poderoso mecanismo de controle. Um orçamento é também um plano de ação que orienta as organizações para suas metas estratégicas.

Neste capítulo, você aprenderá sobre os muitos tipos de orçamentos que servem a objetivos diferentes e muitos tipos de empresas. Você também aprenderá a determinar que tipo de orçamento o auxiliará de modo mais eficaz para que você atinja suas metas.

O que é planejamento orçamentário?

Antes de começar uma viagem, você enche sua mala com as roupas, a comida e o dinheiro de que precisa. O planejamento orçamentário é conceitualmente similar — planejar sua viagem e garantir que você terá recursos suficientes para chegar a seu destino. Uma organização planeja sua viagem em direção a seus objetivos estratégicos de um modo semelhante, e ela se prepara para a viagem com um plano de ação chamado orçamento. Um orçamento pode cumprir várias tarefas:

- **Cobrir um período de tempo curto.** Por exemplo, uma empresa iniciante desenvolve um orçamento para garantir que terá dinheiro suficiente para cobrir as despesas operacionais por mais um ou dois meses.
- **Ter uma perspectiva de longo prazo.** Por exemplo, uma empresa farmacêutica faz um orçamento plurianual para o desenvolvimento de um novo produto.
- **Concentrar-se nos recursos necessários para um projeto específico.** Por exemplo, se uma fábrica precisa instalar maquinaria para adquirir eficiência de produção, seu orçamento representará os custos do projeto.
- **Contabilidade de renda e dispêndio.** Por exemplo, um varejista cria um plano de lucro baseado em um aumento esperado nas vendas.

Assim, o que é um *orçamento*? É a tradução de planos estratégicos em quantidades mensuráveis que expressem os recursos esperados necessários e os retornos previstos durante um determinado período. Um orçamento funciona como um plano de ação. Ele também pode apresentar as futuras demonstrações financeiras estimadas da organização. Por fim, um orçamento é uma ferramenta adaptável que a gerência pode usar para alcançar suas metas estratégicas.

Funções do orçamento

Os orçamentos desempenham quatro funções básicas, cada uma das quais é decisiva para o sucesso de uma empresa na realização de seus objetivos estratégicos. Estas funções são o planejamento, a coordenação e a comunicação, o monitoramento do progresso e a avaliação do desempenho.

Planejamento

O planejamento é um processo em três etapas para garantir que a organização tenha os recursos disponíveis para atingir suas metas:

1. **Escolha das metas.** As metas podem ser tão abrangentes quanto a missão estratégica da organização. Por exemplo, como gerente de um provedor da Internet sua meta seria "ser o provedor da Internet mais eficiente para nossos estimados clientes". Ou, como administrador de um time de beisebol da liga principal, sua meta seria específica e muito concentrada: aumentar as rendas em 10% no trimestre seguinte.

2. **Análise de opções e previsão de resultados.** Depois que as metas tenham sido definidas, o passo seguinte é ver as opções disponíveis para atingi-las e prever os resultados prováveis de cada uma. Por exemplo, se sua meta como gerente de um provedor de Internet é tornar-se o provedor mais eficiente da Internet, então você pode optar por manter equipamento atualizado permanentemente, treinar na prática as equipes de reparo mais qualificadas, ou concentrar-se em fornecer o serviço mais rápido ao cliente. Ou, como gerente de um time de beisebol que planeja aumentar as rendas em 10%, você pode pensar em aumentar os preços, ampliar seu plano de marketing ou reduzir os custos de aquisição de jogadores. Assim, prever os custos e benefícios de cada opção é parte do planejamento.

3. **Escolha das opções.** Depois de uma análise dos possíveis custos e benefícios de cada opção, o passo seguinte é decidir como atingir as metas desejadas. A escolha das opções que serão implementadas determina a direção que a empresa tomará. O orçamento reflete essas decisões. Como gerente de um provedor de Internet, por exemplo, você pode decidir que, embora as outras duas opções sejam importantes, o foco deve estar na manutenção de um equipamento atualizado para fornecer o serviço mais eficiente aos seus clientes. Ou, como gerente de um time de beisebol, você pode decidir que aumentar os preços seria mais eficaz para obter o aumento especificado nas receitas.

Coordenação e comunicação

A coordenação é o ato de reunir as peças — orçamentos por unidade individual ou orçamentos de divisão — e equilibrá-las e combiná-las para chegar ao orçamento geral que expresse os objetivos financeiros gerais da organização e suas metas estratégicas. Em muitas empresas, é uma proeza e tanto!

Um orçamento geral compila os orçamentos individuais das áreas funcionais de pesquisa e desenvolvimento, projeto, produção, marketing, distribuição e serviço ao consumidor em um orçamento unitário. Depois os orçamentos das divisões, linhas de produtos e subsidiárias são coordenados e integrados em um resultado maior e coeso. Da mesma forma que um compositor reúne o som de muitos instrumentos diferentes para criar uma sinfonia, o orçamento geral reúne todas as peças para chegar ao plano estratégico geral da organização e à missão da empresa. Os detalhes do orçamento geral serão analisados mais adiante neste capítulo.

Para atingir este fim, a comunicação é essencial. A alta gerência precisa comunicar os objetivos estratégicos da empresa a todos os níveis da organização, e os planejadores individuais precisam comunicar suas necessidades, premissas, expectativas e metas para aqueles que avaliam os orçamentos departamentais e funcionais.

Além disso, os diferentes grupos dentro da empresa sempre devem ouvir uns aos outros. Se uma divisão está lutando para atingir determinadas metas de vendas, então a produção deve ter essa informação a fim de se preparar para uma capacidade maior de produção. Se a empresa está introduzindo um novo produto, o departamento de marketing deve ser informado no início do processo de planejamento, pois terá de incluir em seu orçamento o trabalho para este novo produto.

Monitoramento do progresso

Uma vez que o plano tenha sido posto em ação, o orçamento passa a ser uma ferramenta que os gerentes podem usar periodicamente para monitorar o progresso. Eles avaliam o progresso comparando os resultados reais com os resultados orçados. Este *feedback*, ou monitoramento e avaliação do progresso, permite, por sua vez, a correção no momento adequado. Se, por um lado, a avaliação provisória mostra que a organização está no caminho certo, os resultados reais combinando com os resultados esperados do orçamento, então não é necessário nenhum ajuste no plano de ação. No entanto, se você descobre que os resultados reais são diferentes dos resultados esperados, então você toma uma medida corretiva. Por exemplo, se a meta de seu time de beisebol é aumentar as receitas em 10% majorando os preços, mas você descobre depois de um mês que os torcedores estão resistindo aos preços mais altos, então você pode tomar uma medida corretiva oferecendo pacotes de bônus para compensar o impacto negativo dos preços mais altos.

A diferença entre os resultados reais e os resultados esperados pelo orçamento é chamada de *variação*. Uma variação pode ser favorável, quando os resultados reais são melhores que os esperados, ou desfavorável, quando os resultados reais são piores que os esperados. Por exemplo, depois do primeiro mês da nova temporada de beisebol, você avalia como estão se comportando as vendas de ingressos. (Tabela 7.1).

No total, as vendas de ingressos são menores que o esperado, mas você observa que há uma variação favorável para os assentos mais caros (os compradores dos ingressos não parecem se importar com o preço cobrado para esses lugares). A maior preocupação que você tem é a variação desfavorável e maior para os assentos da arquibancada. É ali que você deve concentrar sua ação corretiva, porque esses torcedores parecem reagir aos preços mais altos se ausentando. Assim, a análise de variação pode ajudar você a identificar um problema no início do ciclo do orçamento e tomar a medida adequada.

Observe aqui que estamos interessados estritamente em unidades, e não em vendas. Os gerentes também podem fazer o exercício de elaboração de orçamento usando vendas.

TABELA 7.1
Relatório do desempenho da venda de ingressos em abril

	Média de ingressos vendidos por jogo		
	Resultados reais	Quantia orçada	Variação
Cadeiras	2.500	2.000	+ 500; favorável
Arquibancadas cobertas	6.850	7.000	−150; desfavorável
Arquibancadas	7.700	9.000	−1.300; desfavorável
Geral	11.850	12.000	−150; desfavorável
Total	28.900	30.000	−1.100; desfavorável

Fonte: HMM Budgeting.

Avaliação do desempenho

Os sistemas eficazes de avaliação do desempenho contribuem para a realização das metas estratégicas, e os orçamentos proporcionam ferramentas essenciais para medir o desempenho gerencial. Afinal, um gerente que faz planejamento básico e toma decisões para a implementação deve ser responsável pelos resultados. Ao comparar os resultados reais com o orçamento de um determinado período, um avaliador pode determinar o sucesso do gerente na realização de suas metas estratégicas. As avaliações de desempenho servem a vários propósitos:

- Elas motivam os funcionários por meio de sistemas de recompensa baseada no desempenho.
- Elas fornecem a base para decisões sobre remuneração, atribuições futuras e progresso na carreira.
- Elas criam uma base para a futura alocação de recursos.

Tipos de orçamento

A idéia do orçamento tradicional tem sido atacada cada vez mais por aqueles que acreditam que ele não atende mais às necessidades das organizações modernas. Os críticos se queixam de que os orçamentos são programados incorretamente (são longos demais ou curtos demais), dependem de medidas inadequadas, e são simplistas (ou complexos demais) ou rígidos demais em um ambiente de negócios em transformação, ou não representam nenhum desafio (isto é, o limite é deliberadamente estabelecido de forma que os gerentes possam atingir suas metas e recolher as bonificações). Muitos orçamentos que examinaremos neste capítulo foram desenvolvidos para lidar com algumas dessas questões difíceis de planejamento. Mas primeiro vamos analisar os diferentes tipos de orçamento.

Orçamentos de curto e de longo prazo

Os orçamentos geralmente são desenvolvidos para cobrir um período de um ano. Mas o período coberto por um orçamento pode variar de acordo com o objetivo do orçamento, particularmente quando sua empresa define a criação de valor. Se uma organização está preocupada com a lucratividade de um produto durante uma vida esperada de cinco anos, então um orçamento de cinco anos pode ser adequado. Se, por outro lado, uma empresa está passando por apertos, como ocorre com algumas empresas iniciantes, então um orçamento mensal que focalize o fluxo de caixa imediato pode ser mais útil.

A extensão do período orçamentário pode depender também do tipo de negócio. Uma empresa farmacêutica, por exemplo, é um negócio relativamente estável com um horizonte de planejamento de longo prazo; aqui se esperaria um período de orçamento de prazo mais longo. Uma iniciante pontocom no volátil universo da Internet, contudo, deve ter em mente um período de tempo mais curto para a elaboração do orçamento.

Orçamentos fixos e dinâmicos

Um *orçamento fixo* abrange um período específico de tempo — em geral um ano fiscal. No final do ano, um novo orçamento é preparado para o ano seguinte. Um orçamento fixo pode ser analisado a intervalos regulares — talvez a cada trimestre — de modo que os ajustes e correções possam ser feitos quando necessários, mas o orçamento básico permanece o mesmo durante todo o período.

Numa tentativa de lidar com problemas de oportunidade e rigidez em um orçamento fixo, algumas empresas, particularmente aquelas em setores de rápida mudança, têm adotado o *orçamento dinâmico*. Um orçamento dinâmico é um plano continuamente atualizado de modo que o período de tempo permaneça estável, enquanto o período real coberto pelo orçamento muda. Por exemplo, a cada mês que passa o orçamento dinâmico de um ano é estendido em um mês, e assim sempre haverá um orçamento de um ano. A vantagem de um orçamento dinâmico é que os gerentes têm de repensar o processo e fazer mudanças a cada mês ou a cada período. Em geral, o resultado é um orçamento mais preciso e atualizado, que incorpora a informação mais recente.

A desvantagem de um orçamento dinâmico é que o processo de planejamento pode consumir tempo demais. Além disso, se uma empresa examina seu orçamento regularmente (digamos, a cada trimestre para um orçamento de um ano), analisa as variações significativas e adota as medidas corretivas necessárias, o orçamento fixo na verdade não é tão rígido quanto parece.

Elaboração de orçamento incremental e com base zero

A elaboração do *orçamento incremental* se baseia em números históricos. Os gerentes observam o orçamento do período anterior e os resultados reais e também as expectativas em relação ao futuro na definição do orçamento para o período seguinte. Por exemplo, o orçamento de um departamento de marketing seria baseada nos custos reais do período anterior, mas com aumentos para os reajustes salariais planejados. A vantagem da elaboração de um orçamento incremental é que a história, a experiência e as expectativas futuras são incluídas no desenvolvimento do orçamento.

Uma desvantagem citada com freqüência pelos críticos do orçamento incremental é que os gerentes podem simplesmente usar os números do período passado como base e aumentá-los em uma porcentagem estabelecida para o ciclo orçamentário seguinte, em vez de gastar tempo avaliando as realidades do mercado futuro e atual. Os gerentes podem também desenvolver um ponto de vista do tipo use-ou-perca, segundo o qual os gerentes sentem que eles devem usar todos os dispêndios orçados no final do período, de modo que o orçamento do período seguinte não seja reduzido na quantia que teria sido poupada.

A elaboração do *orçamento com base zero* descreve um método que começa a cada ciclo orçamentário com uma base zero, como se o orçamento estivesse sendo preparado pela primeira vez. Cada ciclo orçamentário começa com uma análise crítica de cada premissa e dispêndio proposto. A vantagem do orçamento com base zero é que ele exige que os gerentes façam uma análise muito mais profunda de cada item — considerando objetivos, examinando alternativas e justificando seus pedidos. A desvantagem é que, embora seja mais analítico e completo, o desenvolvimento do orçamento pode consumir muito tempo, a ponto de interferir no acionamento desse orçamento. O planejamento precisa anteceder a ação, mas nunca sufocá-la.

Orçamento *Kaizen*

Kaizen é um termo japonês que define o aperfeiçoamento contínuo, e a elaboração de *orçamento* Kaizen tenta incorporar o aperfeiçoamento contínuo ao processo. A redução dos custos é feita no orçamento em uma base incremental, de modo que sejam feitos esforços contínuos para reduzir esses custos ao longo do tempo. Se não são feitas reduções de custo orçamentário, uma atenção extra deve ser dada àquela área operacional. Por exemplo, uma fábrica pode orçar uma redução contínua no custo dos componentes, como mostramos a seguir, pressionando os fornecedores a reduzir ainda mais os custos.

Janeiro-fevereiro	US$100,00
Fevereiro-março	US$99,50
Março-abril	US$99,00

É difícil manter este tipo de orçamento incremental porque a taxa de redução de custo orçado cai com o tempo, tornando mais difícil a obtenção de melhorias depois que as mudanças "fáceis" foram alcançadas.

O orçamento geral

O *orçamento geral* representa o coração e a alma do orçamento. Ele reúne todas as peças, incorporando o orçamento operacional e o orçamento financeiro de uma organização em um quadro abrangente. Em outras palavras, o orçamento geral resume todas as projeções financeiras de uma organização em um determinado período.

Numa organização com fins lucrativos típica, o orçamento operacional consiste nos orçamentos das áreas funcionais — como pesquisa e desenvolvimento, projeto, produção, marketing, distribuição e serviço ao cliente — e fornece a demonstração de resultados orçada. O orçamento financeiro inclui o orçamento de capital, de caixa, o balanço orçado e os fluxos de caixa orçados. O orçamento geral deve integrar os orçamentos operacional e financeiro por meio de um processo iterativo durante o qual o fluxo de informação vai e volta de cada elemento do orçamento geral (Figura 7.1).

O orçamento geral acompanha de perto o planejamento estratégico em seu mais alto nível. Usando as metas estratégicas da organização como alicerce, o processo de elaboração do orçamento é cronológico e iterativo, movendo-se para a frente e para trás, testando premissas e opções.

Antes de preparar um orçamento geral, os gerentes graduados devem fazer estas três perguntas importantes:

1. Os planos táticos considerados apóiam as metas estratégicas maiores e de prazo mais longo da organização?
2. A organização possui ou tem acesso aos recursos necessários — isto é, o dinheiro de que precisa para financiar as atividades em todo o período orçamentário imediato?
3. A organização criará valor suficiente para atrair os recursos futuros adequados — lucro, empréstimos, investidores etc. — para atingir suas metas de prazo mais longo?

Estabelecendo premissas

O primeiro passo no desenvolvimento de um orçamento é estabelecer um conjunto de premissas em relação ao futuro. As premissas dos gerentes serão diretamente afetadas pelas respostas a perguntas como as seguintes:

- Quais são as expectativas de vendas e de marketing para vendas unitárias e receitas de produtos novos e já existentes?
- A previsão é de que os preços dos fornecedores cairão ou subirão?
- Qual será o custo do plano de saúde da empresa para o ano que vem?
- Caso o índice de desemprego caia, a empresa precisará aumentar os salários para garantir uma mão-de-obra adequada em um mercado de trabalho estreito?
- O que os concorrentes vão fazer para ganhar participação de mercado?

FIGURA 7.1
Fluxograma de orçamento geral

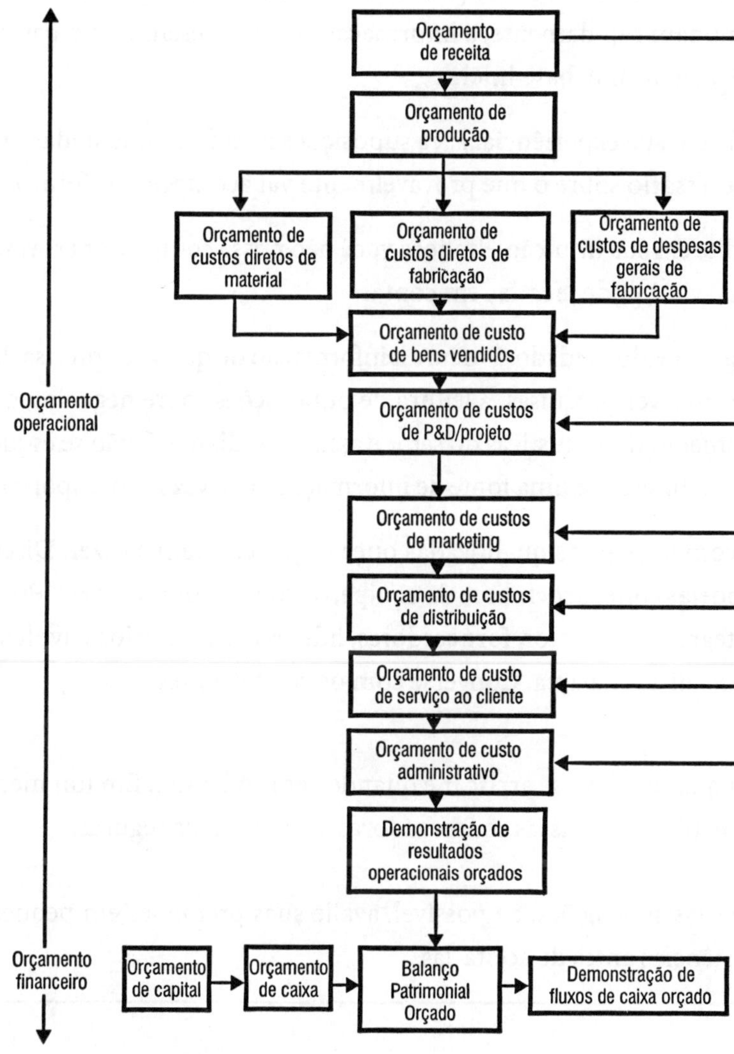

Fonte: HMM Budgeting. Adaptado de Charles T. Horngren, George Foster e Srikant M. Datar, *Cost Accounting* (Nova York: Prentice Hall, 2000).

Dicas para estabelecer premissas

- Use dados históricos como ponto de partida. Mesmo quando os tempos mudam rapidamente, a informação sobre o desempenho passado pode formar uma base inicial.
- Confie em sua experiência. Faça suposições bem fundamentadas onde for necessário sobre o que provavelmente vai acontecer no futuro.
- Acredite em sua intuição. Embora você não possa comprovar essas sensações, você pode levá-las em conta.
- Tenha o devido cuidado. Procure a informação de que você precisa. Isso pode envolver pesquisas, a leitura de publicações sobre negócios, o levantamento de estatísticas do setor e assim por diante. E não se esqueça de que a Internet é uma fonte de informação cada vez mais importante.
- Fale com as pessoas qualificadas ouça o que elas têm a dizer. Discuta suas idéias com os membros da equipe, os colegas, os mentores. Procure integrantes do setor, fornecedores, líderes comunitários envolvidos e especialistas na área. Converse com os concorrentes.
- Saiba quando deve se arriscar e quando ser moderado. Em um mercado volátil, as premissas conservadoras serão as mais seguras.
- Teste suas suposições. Se possível, avalie suas premissas em pequenas experiências antes de aceitá-las.

As premissas devem ser procuradas em fontes que têm a melhor informação. Por exemplo, a alta gerência tem uma visão clara das metas estratégicas, e o grupo financeiro tem registros do desempenho financeiro passado e das tendências econômicas futuras. Procure o grupo de recursos humanos para obter informações sobre mudanças no mercado de trabalho, e os representantes de vendas para obter a melhor informação sobre as perspectivas de vendas. Da mesma forma, o departamento de compras tem a informação mais recente sobre fornecedores e tendências dos preços. Desenvolver premissas é um esforço de toda a empresa em que a comunicação e a coordenação têm um papel essencial.

Preparação do orçamento operacional

Um *orçamento operacional* nada mais é do que um pacto acertado entre a alta gerência e os outros membros da equipe gerencial. É uma meta, não uma previsão. Ele especifica as receitas e os custos para o período seguinte. Estes estão expressos em uma demonstração que se assemelha à demonstração de resultados descrita no Capítulo 1. A diferença essencial é que estamos preparando a demonstração a partir do esperado, em vez de valores reais. Em resumo, o orçamento operacional é estruturado como se segue:

Receitas – (Custo de bens vendidos + Custos de vendas, gerais e administrativos) = Renda operacional

Dividimos o processo de orçamento operacional em cinco passos simples. Para obter uma ferramenta interativa que o ajudará a elaborar e acompanhar seu orçamento operacional, visite o *site*, em inglês, www.elearning.hbsp.org/businesstools.

PASSO 1: CALCULE SUAS RECEITAS ESPERADAS. Para o primeiro passo na preparação de um orçamento operacional, os gerentes devem aplicar algumas premissas para prever o crescimento da receita (ou seu declínio). Para nossa empresa hipotética com fins lucrativos, a Amalgamated Hat Rack, os gerentes da Divisão Cabeça de Alce traduzem suas premissas sobre o crescimento da receita baseados no desempenho passado e nas expectativas de vendas futuras de seus produtos durante o ano fiscal (Tabela 7.2)

TABELA 7.2
Divisão Cabeça de Alce, Amalgamated Hat Rack, orçamento Ano 1

	Real do ano anterior (em US$)	Orçamento ano 1 (em US$)	Índice de mudança
Vendas por modelo			
Chifres de alce luxo	201.000	205.000	2,0%
Chifres de alce padrão	358.000	381.000	6,4%
Padrão vertical	515.500	556.000	7,9%
Eletrogiratório	72.400	60.250	(16,8%)
Modelo de parede	81.200	80.000	(1,5%)
Total das vendas	1.228.100	1.282.250	4,4%
Custo dos produtos vendidos			
Mão-de-obra direta	92.325	96.500	4,5%
Despesas gerais de fábrica	6.755	7.200	7,0%
Materiais diretos	211.000	220.284	4,4%
Custo total de produtos vendidos	310.080	323.984	4,5%
Custos de marketing e administrativos			
Salários de vendas	320.000	331.200	3,5%
Despesas com publicidade	145.000	151.000	4,1%
Despesas diversas com vendas	4.200	3.900	(7,1%)
Despesas administrativas	92.000	94.500	2,7%
Total M&A	561.200	580.600	3,46%
Receita operacional	355.820	377.666	6,14%

Fonte: HMM Budgeting.

Se adotarem uma abordagem orçamentária incremental, os gerentes usarão as vendas reais do ano anterior, de US$1.228.100, como base para desenvolver suas projeções para o ano seguinte. Se, por outro lado, seguirem o método orçamentário com base zero, eles farão suas projeções de vendas de cada modelo a partir do nada, usando uma previsão de dados econômicos, comportamento previsto do consumidor e outras informações.

Determinar números de receita projetados pode criar tensões internas. Se os gerentes são avaliados e recompensados com base na realização de suas metas de receita orçadas, eles podem ficar tentados a estabelecer metas de receita moderadas que podem se atingidas facilmente. Essa folga orçamentária, ou itens falsos, proporciona uma proteção para os gerentes, tornando mais provável que as receitas reais sejam maiores que as receitas orçadas. Com esses resultados, os gerentes parecem ser eficientes.

As restrições de produção (a disponibilidade de pessoal qualificado para empresas de serviço e capacidade de produção para fabricantes) podem afetar o orçamento da receita. Se, por exemplo, a expectativa é de que a demanda de vendas supere a capacidade da empresa de fabricar e distribuir, então o orçamento da receita deve ser ajustado para corresponder às restrições de produção e não à demanda real do mercado. De outra forma, o orçamento deve acrescentar fundos para a criação de infra-estrutura necessária para atender à demanda.

PASSO 2: CALCULE O CUSTO ESPERADO DOS PRODUTOS VENDIDOS. Depois que o orçamento da receita foi definido, os gerentes podem então desenvolver o orçamento para o custo dos produtos vendidos. A quantidade total de unidades a serem produzidas formará a base para determinar os custos diretos, inclusive mão-de-obra e material. Da mesma forma, a Divisão Cabeça de Alce calcula os custos indiretos ou despesas gerais de fábrica como parte do orçamento do custo dos produtos vendidos. Lembre-se aqui de que as vendas são orçadas para que tenham um aumento de 4,4%, para US$1.282.250.

PASSO 3: CALCULE OS OUTROS CUSTOS ESPERADOS. Outros custos não relacionados com a produção incluem os custos gerados por pesquisa e desenvolvimento, projeto de produto, marketing, distribuição, serviço ao cliente e administração. Para a Divisão Cabeça de Alce, com seus projetos clássicos de cabides para chapéus, somente as várias despesas relacionadas com as vendas e administração compõem o orçamento de outros custos.

PASSO 4: CALCULE A RECEITA OPERACIONAL ESPERADA. Por fim, você pode calcular a demonstração de resultados orçados. A diferença entre vendas esperadas e custos esperados resulta na receita operacional esperada. Os gerentes da Divisão Cabeça de Alce fornecem sua demonstração de resultados esperados à alta gerência da Amalgamated Hat Rack de modo que a alta gerência, por sua vez, possa determinar como o orçamento da Divisão Cabeça de Alce se encaixa no orçamento geral da empresa e nas metas estratégicas gerais.

PASSO 5: DESENVOLVA CENÁRIOS ALTERNATIVOS. Testar diferentes cenários é o processo iterativo "e se" da elaboração do orçamento. Como uma mudança em uma área afetará o resultado esperado? E se aumentarmos a publicidade? Em quanto isso aumentaria as vendas? E se os funcionários da Cabeça de Alce decidirem fazer uma greve? Como podemos incorporar esse risco ao orçamento?

Por exemplo, a gerência da Amalgamated pode decidir mudar sua ênfase estratégica, passando do aumento dos lucros para o desenvolvimento de uma nova linha de produtos na Divisão Cabeça de Alce. Os gerentes da Cabeça de Alce então desenvolveriam outro conjunto de números orçamentários indicando os custos de pesquisa e desenvolvimento que reduziriam a renda operacional orçada corrente. Como alternativa, os gerentes da Cabeça de Alce poderiam decidir aceitar ofertas de um novo grupo de fornecedores que reduziriam as despesas de material e aumentariam a renda operacional orçada.

Criação de orçamentos financeiros

Depois que os gerentes de operações tenham desenvolvido seus orçamentos operacionais, ou demonstrações de resultados esperados, os gerentes financeiros planejam o capital necessário para sustentar esses orçamentos operacionais. Você não pode prever um aumento de 10% nas vendas, por exemplo, sem criar um plano paralelo para o capital de giro extra e outros insumos que serão exigidos se o aumento previsto se concretizar. Para fazer o planejamento para essas necessidades, os gerentes precisam desenvolver três outros orçamentos:

1. Um orçamento de caixa que inclua o caixa estimado das operações e de outras fontes de caixa (contas a pagar, empréstimos ou capital social). O

orçamento de fluxo de caixa prevê e planeja para o nível e os períodos de entrada e saída de caixa.

2. Um plano de investimento em ativo operacional que garanta que o capital adequado estará disponível para ativos operacionais, como estoque e contas a receber.

3. Um plano de investimento de capital que orce os investimentos propostos em ativos produtivos de longo prazo, como dispêndios de propriedade, fábrica e equipamento, e programas de pesquisa e desenvolvimento ampliados.

Esses planos financeiros sustentam os objetivos estratégicos da organização, planejando para as necessidades financeiras de curto prazo (orçamento de caixa) e de longo prazo (plano de investimento de capital). Eles são expressos em balanço previsto (ou *pro-forma*) e demonstrações de fluxo de caixa para formar um quadro completo da posição financeira esperada da organização durante o período orçamentário.

O *orçamento de caixa* é particularmente importante para os gerentes financeiros da empresa, uma vez que indica os déficits ou superávits de caixa em cada período (em geral de meses). Nenhuma empresa pode suportar um déficit de caixa, já que a empresa seria incapaz de pagar suas contas em dia. O orçamento de caixa mostrado na Tabela 7.3 é o orçamento de caixa simplificado de uma empresa para um período de cinco meses (de janeiro a maio). Observe que ele identifica todas as entradas e saídas de caixa de cada mês. O balanço de caixa final de um determinado mês torna-se o balanço inicial do mês seguinte. Assim, o balanço final de US$ 220 de dezembro torna-se o balanço de caixa inicial de janeiro. Ao resumir o superávit (ou déficit) mensal e o balanço de caixa inicial, o orçamento revela o balanço final de cada mês. Uma olhada no resultado financeiro indica quando a empresa encontrará um déficit de caixa, como acontece aqui em abril e se torna maior em maio. As empresas cujos negócios sejam muito sazonais — produtores agrícolas, fabricantes de roupas, fabricantes de esquis, e assim por diante — rotineiramente sofrem grandes oscilações nos balanços finais de caixa.

Durante os meses de superávit, os gerentes financeiros acumulam caixa da empresa em instrumentos do mercado monetário com rendimento de juros, como certificados de depósitos bancários de curto prazo, títulos negociáveis e letras do Tesouro americano. Quando o superávit desaparece, eles convertem esses instrumentos novamente em caixa e apelam para linhas de crédito e empréstimos bancários de curto prazo para eliminar quaisquer déficits de caixa. Como você pode ver na Tabela 7.3, os gerentes devem começar a recorrer a superávits passados em março. Os superávits evaporaram em abril, obrigando-os a procurar outras fontes de caixa.

TABELA 7.3
Um orçamento de caixa simplificado (em milhares de US$)

	Dez.	Jan.	Fev.	Março	Abril	Maio
Entradas de caixa						
Receitas de vendas		1.100	875	600	500	600
Outras receitas		250	225	200	200	0
Receita de juros			34	34	34	
Total de entradas		1.350	1.134	834	734	600
Saídas de caixa						
Compras		400	380	320	300	350
Salários		200	200	200	200	200
Salários por hora		170	165	150	195	220
Pagamentos de plano de saúde		20	20	20	20	20
Contribuições de aposentadoria		25	23	25	23	25
Pagamentos de juros		15	15	15	15	15
Impostos		305	295	270	260	240
Serviços públicos		20	18	15	20	25
Total de saídas de caixa		1.155	1.116	1.015	1.033	1.095
Superávit ou déficit de caixa		195	18	(181)	(299)	(495)
Balanço inicial		220	415	433	252	(47)
Balanço final	220	415	433	252	(47)	(542)

Os negócios cíclicos e sazonais usam períodos de grandes entradas de caixa para pagar suas linhas de crédito e formar posições no mercado monetário na expectativa do ciclo seguinte de consumo de caixa.

Aqui estão os passos que devem ser seguidos na elaboração de seu próprio orçamento de caixa:

1. **Some as receitas.** Determine as receitas esperadas — recolhidas de clientes e outras fontes — que fluirão para o caixa em cada período. As cobranças podem variar durante o período orçamentário. Por exemplo, muitos varejistas esperam receber a maior parte de suas receitas durante a temporada de férias.

2. **Subtraia os desembolsos.** Baseado na atividade esperada, calcule quando dinheiro será necessário para cobrir os desembolsos — pagamentos em dinheiro, dividendos — durante o período. Os desembolsos podem incluir o pagamento de material, folha de pagamento, impostos e assim por diante. Alguns desses dispêndios podem ser distribuídos uniformemente pelo período orçamentário, mas alguns, como a folha de pagamento e os custos de material, podem flutuar como parte do processo de produção.

3. **Calcule o superávit ou o déficit de caixa.** Para calcular o superávit ou o déficit de caixa de um período, subtraia os desembolsos da soma do balanço de caixa inicial e as receitas esperadas durante esse período.

4. **Some o balanço de caixa inicial.** O balanço de caixa inicial é o balanço final do período anterior. Ao somá-los, você tem um novo balanço final.

5. **Defina o financiamento necessário.** O balanço final será positivo ou negativo. Um balanço positivo indica que você tem caixa mais do que suficiente para cobrir as operações durante aquele período. Um balanço negativo indica que a empresa deve desenvolver um plano para financiar o déficit a partir de outras fontes, como um empréstimo bancário. O reembolso de qualquer desses empréstimos deve ser descriminado nas saídas de caixa de períodos orçamentários subseqüentes.

O lado humano da elaboração do orçamento

De certa forma, preparar um orçamento é uma questão de mastigar números, um processo que é cada vez mais relegado ao *software* de modelagem financeira, aos computadores e à tecnologia. Mas por trás desses números há pessoas reais como você — gente que faz suposições, que imagina situações futuras, que entende as idiossincrasias dos clientes e concorrentes. O ideal é que todos os envolvidos no processo de orçamento tenham em mente a mesma meta — atingir os objetivos estratégicos da organização.

O que alguns podem ver como um processo exato, até mecânico, na realidade é complicado por desacordos genuínos a respeito de suposições de tendências e acontecimentos futuros, por necessidades funcionais conflitantes e por preocupações individuais que ofuscam o bem maior da empresa. Por esse motivo, o processo de elaboração do orçamento pode ser definido como uma série de negociações entre interesses díspares. A alta gerência quer o maior valor econômico possível em termos de lucro. A gerência de nível médio pode ter necessidades opostas, como um novo equipamento ou novos funcionários. O elemento humano é o que pode fazer o processo orçamentário tão envolvente e, às vezes, tão frustrante.

A elaboração de orçamento de cima para baixo e orçamento participativo

O orçamento feito de cima para baixo descreve o processo pelo qual a alta gerência estabelece as metas orçamentárias — receitas, lucros, e assim por diante — e impõe essas metas ao resto da organização. Assim, por exemplo, o CEO da Amalgamated Hat Rack dá ao gerente Claude Cervidés a meta de atingir um lucro operacional — ou ganhos antes dos impostos e juros — de US$400.000 para o próximo ano fiscal. Isso estimula Claude a fazer seu orçamento operacional com US$400.000 como meta de lucro operacional.

O orçamento de cima para baixo tem muitas vantagens. Uma vez que a gerência sênior tenha um conceito mais claro dos objetivos estratégicos da organização, este tipo de orçamento garante os seguintes benefícios para a gerência sênior:

- Metas orçamentárias que refletem os objetivos estratégicos maiores da gerência.
- Melhor coordenação das necessidades do orçamento de todos os elementos da organização.
- O desestímulo a orçamentos de unidades "falsos" feitos por certos gerentes.
- Metas elevadas que desafiam os gerentes a vencer seus limites.

O orçamento de cima para baixo tem duas grandes desvantagens. Primeira, a alta gerência pode não estar a par da realidade dos processos de produção ou dos mercados de cada divisão. Em conseqüência, as metas que estabelecem podem ser inadequadas ou inatingíveis. Segundo, os gerentes de nível médio podem se sentir excluídos do processo de decisão e, conscientemente ou não, podem não participar plenamente do cumprimento das metas orçadas.

Com o orçamento participativo, as pessoas responsáveis pela realização das metas orçamentárias são incluídas na meta. Cervidés, por exemplo, desenvolveria o orçamento para sua própria divisão, com a participação ativa dos chefes de compras, recursos humanos, produção, marketing e administração. Uma vez que sua equipe tenha completado o orçamento, Cervidés o mandaria à gerência sênior da Amalgamated Hat Rack. Depois de uma análise e possível *feedback* a Cervidés, eles incorporariam esse orçamento da unidade, junto com todos os outros orçamentos, ao orçamento geral.

Uma vantagem do orçamento participativo é que as pessoas mais próximas das atividades de linha — pessoas que presumivelmente têm a melhor informação — tomam as decisões orçamentárias. Além disso, são os participantes desse tipo de processo de orçamento os que mais provavelmente farão um esforço adicional para atingir as metas orçamentárias. Também há duas desvantagens no orçamento participativo. Primeira, as pessoas mais próximas das atividades de linha podem não ver o quadro estratégico geral. Segunda, se as avaliações de desempenho estão ligadas à realização do orçamento, então os gerentes terão um incentivo para mascarar seus orçamentos, seja subestimando as receitas ou superestimando os custos.

O orçamento iterativo é uma tentativa de combinar o melhor dos orçamentos de cima para baixo e participativo. No passo inicial, a gerência sênior fornece aos chefes de unidade uma clara compreensão das metas estratégicas da organização. Os chefes de unidade então trabalham com suas equipes para desenvolver os orçamentos operacionais que incorporarão suas próprias metas táticas e as metas estratégicas maiores da organização. Depois que os chefes de unidade mandam suas propostas orçamentárias à gerência sênior, esta analisa cada orçamento e pode pedir alguns ajustes. E o processo de negociação continua até que se chegue a um orçamento geral final.

Dicas para negociar o orçamento de sua equipe

A elaboração eficaz de um orçamento requer uma certa compreensão organizacional. Aqui estão algumas dicas para lidar com questões organizacionais que cercam o processo orçamentário:

- Compreenda o processo orçamentário de sua organização. Quais são as linhas que você precisa seguir? Qual é o momento certo do processo orçamentário? Como o orçamento é usado na organização?
- Comunique-se com freqüência com o *controller* ou o responsável pelas finanças de seu departamento. Faça perguntas sobre aspectos que você não entende. Peça os conselhos dessa pessoa sobre as premissas que sua equipe está fazendo.

- Saiba quais são as preocupações reais que estimulam as pessoas a tomar decisões sobre seu orçamento. Certifique-se, então, de resolver essas questões.
- Trabalhe junto aos agentes de decisão. Passe algum tempo instruindo o pessoal de finanças ou agentes de decisão sobre sua área de negócios. Isso criará o terreno para implementar as mudanças depois.
- Compreenda cada item do orçamento em que está trabalhando. Se você não sabe o que alguma coisa significa ou de onde um número vem, tente descobrir. Fale com as pessoas sobre o item.
- Mantenha uma discussão permanente com sua equipe durante todo o período de elaboração do orçamento. Quanto mais você planejar, mais será capaz de reagir a contingências não planejadas.

Evite surpresas desagradáveis. À medida que os números fiquem disponíveis, compare os números reais com as quantias orçadas. Se houver uma variação significativa ou inesperada, descubra por quê. E não se esqueça de notificar o pessoal financeiro que precisa saber disso.

A chave para o sucesso em qualquer processo orçamentário é a comunicação. A gerência sênior tem de comunicar as metas estratégicas de uma forma que faça sentido. Os chefes de unidade, por sua vez, comunicam suas necessidades de recursos e preocupações quando apresentam propostas orçamentárias à gerência. Todos os participantes do processo de elaboração do orçamento têm a obrigação de ouvir as várias posições, às vezes conflitantes.

Folga e lastro

A folga orçamentária ocorre quando os gerentes acreditam que serão avaliados sobre seu desempenho em relação ao orçamento. Para garantir que eles atinjam seus números orçamentários e sejam recompensados, eles orçam as receitas de forma moderada ou exageram os custos previstos, ou ambos. As duas atitudes fazem com que seja mais fácil vencer o "jogo" do orçamento. A folga orçamentária também proporciona a esses gerentes uma proteção contra problemas inesperados, reduzindo o risco de que os grupos não "atingirão seus números". É um velho jogo que as pessoas de todos os níveis aprendem a jogar.

O lastro está relacionado à folga, mas a deturpação pode ir além da apresentação de números de vendas menores que o esperado ou de custos mais altos. O lastro ocorre quando um gerente esconde a verdadeira intenção de uma proposta orçamentária. Por exemplo, Cervidés quer expandir agressivamente o modelo eletrogiratório da Divisão Cabeça de Alce da Amalgamated, mas a gerência sênior tem desestimulado grandes investimentos nesse projeto. Assim, ele pode propor um investimento mínimo em atualização apenas para o mecanismo giratório nesse ciclo orçamentário, sabendo que ele ampliará a atualização em um novo projeto muito mais ambicioso como resultado desse "ajuste mínimo". Esse jogo orçamentário é uma forma de lastro chamado de manobra oportunista.

Cenários "e se" e análise de sensibilidade

Os orçamentos são quase tão bons quanto as suposições do futuro em que são baseados. Mas as suposições quase sempre estão erradas. Suponhamos que o cliente A nos comprará 10 mil unidades no ano que vem — e temos o acordo de vendas para fundamentar isso. Mas se o cliente A sofre um grande colapso nos negócios, então esse acordo de venda não valerá mais. Suponhamos que nossas contas de eletricidade aumentem mais ou menos de acordo com a taxa atual de inflação. Adivinhe o que acontece? Um inverno muito frio e uma imensa demanda de energia pode empurrar os preços para as alturas.

A análise de sensibilidade é uma abordagem para lidar com suposições e opções alternativas. Como uma ferramenta orçamentária, essa análise pode melhorar muito o valor dos orçamentos como instrumentos para o planejamento, *feedback* e correção de curso. Uma análise de sensibilidade aplica uma situação "e se" ao modelo orçamentário para ver o efeito da mudança potencial nos dados originais. Por exemplo, e se o custo de material aumentar 5%, ou e se as vendas aumentarem 10%? Os cálculos para a análise de sensibilidade podem ficar mais complicados quando um analista está lidando com um orçamento geral que resuma orçamentos de várias divisões e/ou funções. Pacotes de *software* para planejamento financeiro estão disponíveis e são comumente utilizados para realizar estes cálculos, dando aos gerentes uma ferramenta poderosa para avaliar os custos e benefícios de várias opções e possibilidades.

Por exemplo, se a Divisão Cabeça de Alce quisesse testar suas premissas com cenários "e se", ela poderia determinar o efeito de alguns cenários alternativos prováveis (Tabela 7.4). Com os resultados dessa análise, Claude Cervidés pode decidir direcionar seus esforços para a redução do custo de material a fim de atingir o melhor resultado financeiro. A análise de sensibilidade é discutida com mais profundidade no Capítulo 9.

TABELA 7.4

Divisão Cabeça de Alce, Amalgamated Hat Rack, análise de sensibilidade de diversas opções

Cenários "e se"	Unidades vendidas	Custo direto de material em (US$)	Receita operacional em (US$)
Modelo orçamentário	21.400	214.000	383.950
Cenário 1: aumento de 10% nas vendas por unidade	23.540	235.000	422.730
Cenário 2: redução de 5% nas vendas por unidade	20.330	203.300	360.900
Cenário 3: redução de 5% no custo de material	21.400	203.300	398.700

Fonte: HMM Budgeting.

Dicas para um processo orçamentário eficaz

Se quiser usar a elaboração do orçamento como uma ferramenta de planejamento e formação de equipe, você precisa desenvolver uma estratégia de jogo. Mesmo que você tenha terminado seu orçamento anual recentemente, não é cedo demais para começar a pensar no ano seguinte. Na verdade, com isso é mais provável que suas necessidades orçamentárias sejam aprovadas. Aqui estão alguns aspectos que se deve ter em mente.

- Se você é um novo gerente, familiarize-se com o processo orçamentário de sua empresa.
- Passe algum tempo aprendendo e compreendendo as prioridades da empresa, e também ajudando sua equipe a entendê-las.
- Certifique-se de que qualquer pedido de fundos esteja em sincronia com os objetivos estabelecidos pela gerência sênior.
- Determine seu custo unitário por produto, qualquer que seja sua definição.
- Comece a reunir todas as informações de que precisará. Por exemplo, compare sua unidade com outras possíveis concorrentes.
- Ajude os membros da equipe a aprender sobre o orçamento. Peça voluntários para pesquisar itens de linha.
- Comece fazendo um esboço de um orçamento preliminar que estime seus custos e resultados. Se não estiverem dentro dos parâmetros estabelecidos pela gerência, procure maneiras de fazer os ajustes.
- Se você precisa reduzir custos, identifique as atividades que agregam valor para o cliente e aquelas que não o fazem. Analise o custo de cada uma delas e comece por cortar os custos que não agregam valor.

- Demonstre como seu pedido orçamentário gerará renda para a empresa. Em outras palavras, seu orçamento não deve ser um pedido de fundos, mas uma proposta que mostre como você ajudará a empresa a realizar suas metas.

Resumo

Este capítulo começou com uma descrição das quatro funções orçamentárias básicas: planejamento, coordenação e comunicação, acompanhamento e avaliação do desempenho. Juntas, estas funções ajudam uma organização a seguir em frente e se manter nos trilhos. E elas fazem o tempo e os problemas relacionados com a elaboração do orçamento valerem a pena

Vários tipos de orçamento e seus usos foram explicados:

- De longo e curto prazos
- Fixos e dinâmicos
- Incrementais e com base zero
- *Kaizen*
- Orçamento geral

O orçamento geral reúne os orçamentos operacional e de caixa e várias projeções financeiras em um quadro abrangente. Os passos para a preparação dos orçamentos operacional e de caixa foram detalhados aqui.

Por fim, foram mostradas as aplicações dos cenários "e se" e da análise de sensibilidade. Essas metodologias podem ajudar as pessoas que preparam o orçamento a prever os efeitos de mudanças específicas em quaisquer premissas importantes elaboradas para o orçamento.

Observação: se você quer ir além do básico que fornecemos aqui, pode aprender sobre elaboração de orçamento baseado em atividade (ABB, de *activity-based budgeting*) no apêndice deste livro. A ABB é uma nova forma de abordar o processo orçamentário usando os conceitos de custeio baseados em atividade que mostramos no Capítulo 3.

8

Ferramentas práticas para decisões gerenciais

Fazendo com que os números trabalhem para você

Principais tópicos abordados neste capítulo

- *Análise de custo/benefício*
- *Retorno sobre o investimento (ROI)*
- *Período de* payback *do investimento*
- *Análise do ponto de equilíbrio*
- *Estimativa de custos e benefícios não-quantificáveis*
- *Acompanhamento do desempenho*

A ÁREA DAS FINANÇAS e sua base contábil de informação proporcionam um rico conjunto de ferramentas práticas que os gerentes podem usar para avaliar as situações de negócios e tomar decisões. Essas ferramentas podem ser úteis para responder a algumas das perguntas mais importantes com as quais você já se deparou:

- Quais são os custos e benefícios de um determinado curso de ação?
- Qual é o retorno estimado sobre um investimento potencial?
- Quanto tempo levará para que a empresa recupere seu investimento em um projeto específico?
- Quantas unidades a empresa terá de vender a preços específicos apenas para equilibrar um empreendimento?
- Como a empresa pode estimar os custos e benefícios não-quantificáveis?

Este capítulo mostrará a você como responder a essas perguntas. Ele também lhe mostrará como acompanhar o desempenho de um projeto de investimento empreendido na esteira dessas formas de análise.

Análise de custo/benefício

A Amalgamated Hat Rack está considerando duas opções de investimento: 1) Comprar uma nova peça de maquinaria e 2) criar uma nova linha de produto. A nova máquina é um extrusor plástico a alta temperatura com tecnologia inteligente que custa US$100.000. A Amalgamated acredita que essa maquinaria economizará tempo e dinheiro a longo prazo e que seja mais segura do que o equipamento atual. A segunda opção, lançar uma linha de cabides para casacos, exigirá um investimento de US$250.0000 em instalações, equipamento e projeto. Como a Amalgamated pode decidir qual dessas opções de investimento é mais sensata do ponto de vista econômico?

O processo de determinação da resposta é conhecido como *análise de custo/benefício*. Basicamente, essa forma de análise avalia quais são, em um determinado contexto temporal, os benefícios do novo investimento, ou da nova oportunidade de negócios, em comparação com os custos associados.

Antes de começar qualquer análise de custo/benefício, é importante compreender o custo do *status quo*. Você quer confrontar o mérito relativo de cada investimento com as conseqüências negativas, se houver, de não dar prosseguimento ao investimento. A análise de custo/benefício de um determinado investimento envolve os seguintes passos:

1. Identificar os custos associados à nova compra ou oportunidade de negócio.
2. Identificar os benefícios de receitas adicionais que resultarão do investimento.
3. Identificar as economias em custo que serão obtidas.
4. Planejar minuciosamente o período de tempo para os custos esperados e as receitas previstas.
5. Avaliar os benefícios e custos não-quantificáveis — e estes podem ser vários.

Os primeiros três passos são simples. Comece por identificar todos os custos associados ao empreendimento — os custos que virão no ano bem como aqueles que você prevê para os anos subseqüentes. Depois considere os possíveis benefícios. As receitas adicionais podem vir de mais clientes ou das compras maiores dos clientes existentes. Para compreender os benefícios dessas receitas, certifique-se de computar os novos custos associados a elas; em última análise, isso significa que você estará procurando o lucro. Com a economia de custos é um pouco mais simples, pelo menos no sentido de que elas representam um lucro incremental — seguem direto para o resultado financeiro. Contudo, a economia de custos às vezes é mais sutil e mais difícil de reconhecer e quantificar. Essas economias podem surgir de várias fontes, como estas melhorias:

- **Processamento mais eficiente.** Isso significa que é necessário um número menor de pessoas para fazer o mesmo trabalho, ou que o processo requer um número menor de etapas, ou mesmo que o tempo gasto em cada etapa diminuiu.
- **Processamento mais preciso.** Tanto o tempo necessário para corrigir erros como o número de clientes perdidos pode diminuir. A taxa de "retrabalho" — isto é, a proporção em que um processo de fabricação produz um resultado invendável — também pode cair.

A seguir, planeje os custos e as receitas — ou as economias de custo — durante o período pertinente. Quando você espera que os custos vão incidir? Em que incrementos? Quando você espera receber os benefícios (receitas adicionais ou economias de custo)? Em que incrementos? Uma vez que isso tenha sido feito, você está pronto para começar a fase de avaliação, usando uma ou mais das ferramentas analíticas mencionadas neste capítulo: retorno contábil sobre o investimento, período de *payback* do investimento e análise do ponto de equilíbrio.

Retorno contábil sobre o investimento

Como vimos anteriormente, o retorno sobre o investimento (ROI) — ou, para usar uma expressão mais técnica, o retorno contábil sobre o investimento — nem sempre é a melhor medida do sucesso de um investimento. Mas como muitos gerentes ainda usam o ROI, é preciso entender como analisá-lo. O retorno contábil sobre o investimento (ROI) pode assumir a forma de economias de custo, lucro incremental ou apreciação de valor. Você começa determinando o retorno líquido. Para calcular o retorno líquido de um investimento, subtraia o custo total do investimento dos benefícios totais recebidos. Depois, para calcular o ROI, divida a quantia líquida de retorno pelo custo total do investimento.

Vamos supor que o novo extrusor de US$100.000 que a Amalgamated está considerando representará uma economia anual de US$18.000 para a empresa durante o tempo de vida da máquina, que é estimado em sete anos. As economias totais seriam então de US$126.000 (US$18.000 x 7), perfazendo um retorno líquido de US$26.000 (US$126.000 – US$100.000). Aplicando a fórmula do ROI — isto é, o retorno líquido dividido pelo custo total do investimento, ou US$26.000 divididos por US$100.000, neste exemplo —, o ROI é de 26%.

Será que 26% é um bom retorno? Isolado, o número não tem nenhum significado em particular, uma vez que o ROI é uma forma de comparar retornos sobre o dinheiro que uma empresa investe internamente com retornos disponíveis para ela em qualquer lugar com o *mesmo nível de risco.* A noção de riscos equivalentes é muito importante aqui, porque todos os investidores exigem retornos mais altos para riscos mais altos. Assim, não faz sentido comparar os retornos que a empresa acredita que poderá obter de um investimento em A, a expansão relativamente segura de uma linha de produto atual, com um investimento em B, uma linha de produto totalmente nova para um mercado que não foi testado. Os níveis de risco dos dois investimentos potenciais simplesmente não são equivalentes. O investimento de risco mais alto deve ter um retorno potencial mais alto.

O ROI descrito no exemplo é também invalidado pelo fato de ignorar o valor do dinheiro no tempo, um importante conceito financeiro abordado mais adiante neste livro. Por exemplo, o que você preferiria ter (supondo-se que os riscos sejam iguais), um investimento que lhe dê um retorno de 26% em um ano ou um investimento que lhe dê o mesmo retorno no fim de sete anos? Não há dúvida nenhuma aqui. Qualquer investidor racional gostaria de ter o dinheiro mais cedo.

Assim, a utilidade do ROI como instrumento de tomada de decisão é bastante limitada. Mesmo assim, como muitos profissionais de negócios usam o ROI, é bom compreender a medida e seus pontos fracos.

Período de *payback* do investimento

As empresas também querem saber o *período de payback*, ou recuperação do investimento: quanto tempo um determinado investimento levará para se pagar. Já sabemos que se espera que o extrusor plástico economize US$18.000 anuais para a Amalgamated. Para determinar o período de *payback* do investimento, divida a quantia total do investimento pelas economias anuais esperadas. Neste caso, US$100.000 divididos por US$18.000, que é igual a 5,56. Em outras palavras, o extrusor se pagará em 5,56 anos. A Tabela 8.1, a seguir, fornece um exemplo ano a ano de como a economia anual se acumulará.

Observe que a Amalgamated não começará verdadeiramente a colher os benefícios do investimento antes de cinco anos. Mas, e se a estimativa de expectativa de vida estiver errada e o extrusor ficar inutilizado em quatro anos? O investimento agora não parece ser muito atraente — certamente menos atraente que um investimento com um ROI similar e um período de *payback* de três anos.

Como ferramenta analítica, o período de *payback* do investimento mostra somente uma coisa: quanto tempo a empresa levará para recuperar seu investimento. Embora não seja útil em comparação com alternativas reais, alguns executivos ainda confiam nela.

Análise do ponto de equilíbrio

A *análise do ponto de equilíbrio*, ou *breakeven*, lhe diz quanto (ou quanto mais) você precisa vender a fim de pagar o investimento fixado — em outras palavras, em que ponto você irá equilibrar seu fluxo de caixa. Com essa informação, você pode observar a demanda e a participação dos concorrentes no mercado para determinar se é uma atitude realista esperar vender tanto. A análise do ponto de equilíbrio também pode ajudá-lo a pensar no impacto da relação da mudança de preço e de volume.

TABELA 8.1
Amalgamated Hat Rack, economia anual acumulada com a instalação de um extrusor plástico

Ano	Economia (em US$)	Economia acumulada (em US$)
1	18.000	18.000
2	18.000	36.000
3	18.000	54.000
4	18.000	72.000
5	18.000	90.000
6	18.000	108.000
7	18.000	126.000

Fonte: HMM Finance.

Mais especificamente, o cálculo do ponto de equilíbrio o ajuda a determinar em que ponto, depois dos impostos, uma linha de produto ou um investimento cobre seus custos fixos totais. Mas antes de fazer o cálculo, você precisa entender os componentes que entram nele:

- **Custos fixos.** São os custos que permanecem praticamente os mesmos, independentemente da quantidade de unidades de um produto ou serviço que são vendidas — custos como seguro, salários da gerência e pagamentos de aluguel e *leasing*. Por exemplo, o preço do aluguel de uma instalação de produção será o mesmo, quer a empresa fabrique 10 mil ou 20 mil unidades, e o mesmo acontece com o seguro.

- **Custos variáveis.** São aqueles que mudam de acordo com o número de unidades produzidas e vendidas; os exemplos incluem tarifas de serviços públicos, mão-de-obra e os custos de matéria-prima. Quanto mais unidades você produz, mais consome estes itens.

- **Margem de contribuição.** É a quantidade de dinheiro com que cada unidade vendida contribui para pagar os custos fixos. Como descrevemos no Capítulo 3, é definida como a receita líquida da unidade menos os custos variáveis (ou diretos) por unidade.

Com esses conceitos em mente, você pode fazer o cálculo. Estamos procurando a solução para a seguinte equação simples:

Volume de equilíbrio = Custos fixos/Margem de contribuição por unidade

E aqui está como fazemos isso. Primeiro, encontre a margem de contribuição por unidade subtraindo os custos variáveis por unidade da receita líquida por unidade. Depois divida os custos fixos totais, ou a quantia investida, pela margem de contribuição da unidade. O quociente é o volume de equilíbrio, isto é, o número de unidades que deve ser vendido para que todos os custos fixos sejam cobertos.

Para ver a análise de equilíbrio na prática, vamos examinar novamente o exemplo do extrusor plástico. Suponha que cada cabide para chapéus produzido pelo extrusor seja vendido a US$75, e que o custo variável por unidade seja de US$22. Então,

US$75 (preço por unidade) – US$22 (custo variável por unidade) = US$53 (margem de contribuição da unidade)

portanto,

> US$100.000 (investimento total exigido)/US$53 (margem de contribuição da unidade) = 1.887 unidades

Os cálculos indicam que a Amalgamated deve vender 1.887 cabides para chapéus para recuperar seu investimento de US$100.000.

Nesse ponto, a Amalgamated deve decidir se o volume de equilíbrio é viável: seria realista esperar vender 1.887 cabides adicionais, e se for assim, com que rapidez?

Uma complicação no ponto de equilíbrio (breakeven)

Nossa análise do ponto de equilíbrio da Hat Rack representa um caso simples. Pressupõe que os custos sejam distintamente fixos ou variáveis, que os custos e as contribuições de unidade não mudam como uma função do volume (isto é, que o preço de venda do item em consideração não mudará em níveis diferentes de produção). Esses pressupostos podem não ser válidos em nosso mundo mais complexo. O aluguel pode ser fixo até um certo nível da produção, e depois aumentar em 50% se você aluga uma instalação secundária para lidar com um volume maior de produção. Os custos de mão-de-obra podem na realidade, ser um híbrido de fixos com variáveis. E à medida que colocar uma quantidade maior de seu produto no mercado, você poderá descobrir que é necessário oferecer descontos nos preços — o que reduz a contribuição por unidade. Você precisará ajustar o cálculo do ponto de equilíbrio para acomodar essas realidades desordenadas.

Alavancagem operacional

É claro que sua meta como profissional de negócios não é o equilíbrio, mas ter lucro. Uma vez que você tenha coberto todos os custos fixos com as contribuições de muitas vendas unitárias, cada venda subseqüente contribui diretamente para os lucros. Como observamos anteriormente,

> Receita líquida da unidade – custo variável da unidade = contribuição da unidade para os lucros

Você pode perceber que quanto mais baixo o custo variável da unidade, maior é a sua contribuição para os lucros. No setor farmacêutico, por exemplo, o custo unitário de produzir e embalar um frasco de um novo medicamento maravilhoso pode ser inferior a um dólar. Mas a empresa pode vender cada frasco por US$100, uma quantia imensa de US$99 contribui para os lucros corporativos, já que as vendas ultrapassaram o ponto de equilíbrio! O problema é que a empresa farmacêutica pode ter investido US$400 milhões em custos fixos de desenvolvimento de produto apenas para ter o primeiro frasco no mercado. Ela terá de vender muitos frascos do novo medicamento só para chegar ao equilíbrio. Mas, depois disso, os lucros podem ser extraordinários.

A relação entre os custos fixos e variáveis é com freqüência descrita em termos de *alavancagem operacional*. Diz-se que as empresas cujos custos fixos são altos em relação a seus custos variáveis têm uma alta alavancagem operacional. O setor farmacêutico, por exemplo, geralmente funciona com uma alta alavancagem operacional. O mesmo ocorre com o setor de *software* — a porcentagem maior de seus custos fixos é gasta em desenvolvimento de produto; o custo variável dos CDs em que os programas são distribuídos representam apenas alguns centavos.

Agora considere o oposto: uma *baixa* alavancagem operacional. Aqui, os custos fixos são baixos em relação ao custo total de produção de cada unidade. Uma firma de advocacia é um bom exemplo de baixa alavancagem operacional. A firma tem um investimento mínimo em equipamento e despesas fixas; o grosso de seus custos está nos honorários que paga aos advogados, que variam, dependendo das horas que cobram dos clientes.

A alavancagem operacional é muito boa quando uma empresa passa de seu ponto de equilíbrio, mas pode causar perdas substanciais se o equilíbrio nunca é atingido. Em outras palavras, é arriscada. É por isso que os gerentes passam tanto tempo tentando descobrir o equilíbrio correto entre custos fixos e variáveis.

Estimativa de custos e benefícios não-quantificáveis

Como os números raramente contam toda a história, suas análises de custo/benefício, ponto de equilíbrio e outras formas de análise devem quase sempre incorporar também fatores qualitativos. Os exemplos aqui incluem o ajuste estratégico da nova oportunidade com a missão da empresa, a capacidade de aproveitar a nova oportunidade sem perder o foco, a probabilidade de sucesso de acordo com as condições do mercado, e talvez um aumento da clientela que o novo investimento traria.

Embora esses fatores não sejam plenamente quantificáveis, tente quantificá-los tanto quanto possível. Faça suposições que possam ajudá-lo a chegar a um número próximo do correto. Suponha que você esteja tentando avaliar o valor da informação melhorada — dados mais abrangentes que sejam mais fáceis de entender e estejam mais amplamente disponíveis — que um novo investimento traria. Você pode tentar sugerir um número em dólar que represente o valor do tempo de funcionários economizado pela nova informação, ou o valor da maior retenção de clientes que pode ser conseguida com sua melhor compreensão dos padrões de compra. Essas estimativas não devem necessariamente ser incorporadas a seu ROI ou outras análises quantificadas, mas elas podem ser muito convincentes apesar disso.

Pese os fatores quantificáveis e não-quantificáveis. Por exemplo, se uma oportunidade de investimento é apenas marginalmente positiva, você pode querer dar um peso igual a considerações mais qualitativas, como o ajuste estratégico, em sua decisão final.

Acompanhamento do desempenho

Depois que decidiu se comprometer com uma oportunidade de investimento, você deve monitorar seu progresso, tentando garantir que os resultados contínuos e as projeções iniciais estejam em curso. Acompanhe suas projeções comparando-as com as receitas e despesas reais. É uma boa idéia fazer isso mensalmente, para que você possa identificar os problemas potenciais o quanto antes. Com isto em mente, vamos rever as projeções para a nova divisão de cabides para casacos na Amalgamated Hat Rack. A Tabela 8.2 mostra a situação no início do primeiro trimestre.

TABELA 8.2
Amalgamated Hat Rack, divisão de cabides para casacos, orçamento de janeiro de 2002

	Orçamento de jan. (em US$)	Real de jan. (em US$)	Variação
Receitas de cabides para casacos	39.000	38.725	-275
Custo de bens vendidos	19.500	19.200	-300
Margem bruta	19.500	19.525	+25
Despesas de marketing	8.500	10.100	+1.600
Despesas administrativas	4.750	4.320	-430
Total de despesas operacionais	13.250	14.420	+1.170
Lucro operacional (EBIT)	6.250	5.105	-1.145

Fonte: HMM Finance.

A divisão está indo razoavelmente bem com as receitas e os custos dos bens vendidos. Sua única variação negativa realmente grande está na linha de despesas de marketing. Como os números são baseados apenas nos números do primeiro mês, é difícil saber se a variação é simplesmente ocasional, ou sazonal, ou se a Amalgamated terá de gastar mais em marketing do que previra. Se seu investimento não está acompanhando o orçamento, e se parece que o padrão de altos custos inesperados (ou baixas receitas inesperadas) vai se manter, então você pode precisar repensar a iniciativa — ou até abandoná-la.

Resumo

Os conceitos de finanças e contabilidade podem ajudar os gerentes a tomar decisões melhores. Este capítulo descreveu vários deles:

- Análise de custo/benefício
- Retorno contábil sobre o investimento
- Período de *payback* do investimento — uma forma de calcular o número de meses ou anos necessários para recuperar seu investimento inicial
- Análise do ponto de equilíbrio (*breakeven*), que lhe diz quanto (ou quanto mais) você precisa vender para pagar os custos fixos.

O capítulo também mostrou como você pode lidar com fatores de custo/benefício não-quantitativos e acompanhar o desempenho do investimento. A compreensão desses conceitos e de suas limitações pode ajudá-lo a fazer seu trabalho de maneira mais eficaz.

9

O valor do dinheiro no tempo

Calculando o valor real de seu investimento

Principais tópicos abordados neste capítulo

- *Valor presente e futuro*
- *Valor presente líquido*
- *Taxa interna de retorno (TIR)*
- *Taxa de atratividade, taxa de desconto e o custo de capital*
- *Valor econômico agregado*

NO CAPÍTULO 8, EXAMINAMOS o retorno sobre o investimento (ROI) e a análise do período de retorno (*payback*) do investi mento — duas ferramentas que os gerentes usam para tomar decisões e avaliar o desempenho. Observamos, contudo, que elas têm pontos fracos importantes: elas não levam em conta o valor do dinheiro no tempo. Isto é, embora indiquem (ou estimem) as entradas e saídas de caixa, o ROI e a análise do tempo de retorno do investimento não conseguem reconhecer *quando* esses fluxos de caixa ocorrem. Como explicaremos aqui, o *timing* desses fluxos de caixa é importante, e deve ser considerado em decisões gerenciais.

Este capítulo o apresentará às ferramentas de tomada de decisão financeira que importam para o valor no tempo: especificamente, o valor presente e futuro, o valor presente líquido e a taxa interna de retorno. Você também conhecerá os conceitos associados que provavelmente encontrará quando a gerência discutir sérios investimentos de longo prazo — taxa de atratividade, taxa de desconto e o custo de capital da empresa. O capítulo também inclui uma discussão da análise de sensibilidade, um método que aumenta a viabilidade dessas ferramentas de valor no tempo.

O que é o valor no tempo?

O valor do dinheiro no tempo é o reconhecimento, baseado na matemática, de que o dinheiro recebido hoje vale mais do que uma quantia igual de dinheiro recebida meses ou anos depois. Se você tem alguma dúvida sobre esta afirmação, veja o seguinte exemplo:

> *Seu sogro chama você de lado e diz: "A morte implacável virá me buscar qualquer dia desses. E por mais que eu gostasse de levar todo o meu dinheiro comigo, decidi dar a você, jovens, boa parte dele antes que eu me vá — vamos dizer, 300 mil dólares".*

Naturalmente, você gostou de saber de sua intenção generosa. Você também está ansioso para saber *quando* o dinheiro virá para você. "Não tenho certeza de quando vou lhe dar o dinheiro", ele continua. "Pode ser neste ano, no ano que vem ou daqui a cinco anos. Mas isso não importa, porque serão 300 mil dólares de qualquer maneira."

Seu sogro errou feio. *Quando* você receber o dinheiro tem importância. Graças ao efeito dos juros compostos, US$300.000 aplicados hoje em certificados de depósito bancário ou numa conta de poupança com uma taxa de juros anual de 5% valeriam quase US$383.000 daqui a cinco anos — e pouco mais de US$483.000 se seu investimento tiver uma taxa de juros anual de 10%! Vamos ver como os juros compostos funcionam usando os US$300.000 de nosso exemplo, com uma taxa de juros compostos de 10% ao ano durante cinco anos (Tabela 9.1).

TABELA 9.1
Valor de um investimento no tempo com juros compostos de 10% (em US$)

Período	Valor inicial	Juros ganhos	Valor final
1	300.000	+ 30.000	330.000
2	330.000	+ 33.000	363.000
3	363.000	+ 36.300	399.300
4	399.300	+ 39.930	439.230
5	439.230	+ 43.923	483.153

Este exemplo demonstra a importância do tempo na receita de contabilidade de caixa. Se seu sogro lhe desse os US$300.000 hoje, você estaria US$183.153 mais rico (supondo-se um retorno composto de 10%) do que se ele adiasse seu presente por cinco anos. (Observação: Esta análise pressupõe que você iria reinvestir os juros que ganha pela mesma taxa.)

O exemplo também introduz vários termos importantes na linguagem das finanças. Os US$300.000 são um valor presente (VP), isto é, uma quantia recebida hoje. Os US$483.153 são um *valor futuro* (VF) — a quantia até a qual o valor presente, ou série de pagamentos, aumentará durante um determinado período, a uma taxa específica de juros compostos. O número de períodos (*n*) neste exemplo é de cinco anos. E a taxa (*i*) é de 10%. Compreenda estes termos e você provavelmente ganhará um ponto ou dois na estima do diretor financeiro de sua empresa.

Gerações de estudantes de administração foram obrigados a aprender como calcular valores no tempo usando tabelas como a Tabela 9.2. Esta tabela indica o valor futuro de US$1, dadas várias taxas compostas e períodos compostos. Cada célula na tabela é habitualmente chamada de fator de valor futuro, ou FVF. Tabelas como esta são fáceis de usar.

A tabela mostra que o FVF para cinco períodos a 10% é de 1,6105. Considerando o exemplo do presente de US$300.000 do sogro, podemos agora encontrar o valor futuro de US$300.000 depois de cinco anos a uma taxa de juros anual de 10%. Para tanto, seguimos esta fórmula simples:

Valor presente x FVF = valor futuro
US$300.000 x 1,6105 = US$483.150

Esta quantia é o valor futuro que encontramos antes usando um método mais longo (com uma ligeira diferença devida ao arredondamento).

TABELA 9.2
Valor futuro de US$1 (FVF)

Períodos	8%	9%	10%	11%	12%
1	1,0800	1,0900	1,1000	1,1100	1,1200
2	1,1664	1,1881	1,2100	1,2321	1,2544
3	1,2597	1,2950	1,3310	1,3676	1,4049
4	1,3605	1,4116	1,4641	1,5181	1,5735
5	1,4693	1,5386	1,6105	1,6851	1,7623
6	1,5869	1,6771	1,7716	1,8704	1,9738
7	1,7138	1,8280	1,9487	2,0762	2,2107
8	1,8509	1,9926	2,1436	2,3045	2,4760
9	1,9990	2,1719	2,3579	2,5580	2,7731
10	2,1589	2,3674	2,5937	2,8394	3,1058
11	2,3316	2,5804	2,8531	3,1518	3,4786
12	2,5182	2,8127	3,1384	3,4985	3,8960

Todo texto de finanças tem um apêndice de tabelas que você pode usar para resolver problemas de valor no tempo. Mas graças às calculadoras financeiras pré-programadas e às planilhas eletrônicas de hoje, você não precisa das tabelas. Uma calculadora financeira como a onipresente Hewlett-Packard 12C tem várias teclas programadas para simplificar essas soluções. Seu teclado tem funções para o valor presente (PV, do inglês, *presente value*), valor futuro (FV, do inglês, *future value*), taxa composta (*i*) e vários períodos compostos (*n*). Se você conhece três destas variáveis, a calculadora resolverá a quarta. O manual de instruções explica a seqüência a seguir na entrada dos valores e obtenção da solução. Da mesma forma, os programas de planilha eletrônica, como o Excel da Microsoft, têm fórmulas prontas que facilitam a solução de problemas de valor no tempo.

Valor presente líquido

O valor futuro é uma idéia de fácil compreensão, já que a maioria de nós tem tido contato com o princípio dos juros compostos. Ponha dinheiro em uma conta com rendimento, deixe-o lá e ele aumentará com o passar do tempo. Quanto mais tempo você o deixa intacto, ou mais alta a taxa composta, maior o valor futuro. A idéia do valor presente de uma soma futura é menos familiar e menos intuitiva, mas o pessoal de finanças e outros gerentes inteirados usam-na o tempo todo. Você também pode.

O *valor presente* é o valor monetário atual de um pagamento futuro descontado a alguma taxa de juros compostos anual. Para compreender o conceito do valor presente, vamos voltar ao nosso exemplo inicial — a herança de seu sogro. Neste exemplo, o valor presente de US$483.153 é de US$300.000. Ele é calculado por um processo de desconto, a uma taxa de 10% ao ano durante um período de cinco anos. No jargão das finanças, 10% representam a *taxa de desconto*. Se seu sogro dissesse "Olha, estou planejando dar a você US$483.153 daqui a cinco anos, mas se você preferir o dinheiro hoje, eu estaria disposto a lhe dar US$300.000", ele estaria dando a você o valor equivalente, supondo-se que você o investiria a uma taxa anual de 10%. Em resumo, não faria diferença para você receber US$300.000 agora ou US$483.153 em cinco anos — a menos que você desconfiasse de que seu sogro não cumpriria a promessa.

Como acontece em relação ao valor futuro, há tabelas disponíveis para calcular o valor presente de US$1 recebido no futuro. A Tabela 9.3 indica os fatores do valor presente (FVP) para US$1 recebido no futuro dentro de uma gama de taxas de descontos e períodos de desconto.

Observe que o FVP para cinco períodos a 10% é de 0,621. Podemos usar este fator para calcular o valor presente dos US$483.153 de seu sogro recebido daqui a cinco anos:

Valor futuro X FVP = valor presente
US$483.153 X 0,621 = US$300.038

Anteriormente ficamos com um pouco menos em conseqüência do arredondamento do FVP na tabela.

TABELA 9.3
Valor presente de US$1 (FVP)

Período	2%	4%	6%	8%	10%	12%
1	0,980	0,962	0,943	0,926	0,909	0,893
2	0,961	0,925	0,890	0,857	0,826	0,797
3	0,942	0,889	0,840	0,794	0,751	0,712
4	0,924	0,855	0,792	0,735	0,683	0,636
5	0,906	0,822	0,747	0,681	0,621	0,567
6	0,888	0,790	0,705	0,630	0,564	0,507
7	0,871	0,760	0,665	0,583	0,513	0,452
8	0,853	0,731	0,627	0,540	0,467	0,404
9	0,837	0,703	0,592	0,500	0,424	0,361
10	0,820	0,676	0,558	0,463	0,386	0,322

A tabela de FVP indica claramente como o valor presente do dinheiro recebido no futuro encolhe com o tempo. Verifique qualquer coluna de taxa de desconto da tabela de FVP de cima a baixo. O primeiro número é o valor de US$1 recebido daqui a um ano. Falando em valores arredondados, na coluna de 10%, o valor é de US$0,91. O mesmo dólar vale somente US$0,39 se você esperar dez anos para pôr as mãos nele. Seria uma completa idiotice. Observe também o papel que a taxa de desconto tem nos valores futuros decrescentes ao longo do tempo. A 6%, US$1 recebido daqui a dez anos vale US$0,56. Mas a uma taxa de desconto de 12%, o mesmo dólar cai para apenas US$0,32! Assim, o "encolhimento" do valor presente tem duas origens: o tempo e a taxa de desconto. Quanto maior o tempo e mais alta a taxa, menos valerão seus fluxos de caixa futuros.

Sua calculadora financeira e a planilha eletrônica podem fazer o mesmo cálculo. Você simplesmente entra com os valores conhecidos (valor futuro, taxa de desconto e número de períodos compostos) e obtém o valor desconhecido, o VP.

Agora que você compreende o valor presente, vamos passar a uma típica situação de negócios e ver como os cálculos de valor no tempo podem ajudar em sua tomada de decisão. Mas primeiro vamos ampliar o conceito de valor presente para *valor presente líquido* (VPL), que é o valor presente de um ou mais fluxos de caixa futuros *menos* qualquer custo inicial de investimento. Para ilustrar este conceito, digamos que a Amalgamated Hat Rack espera que sua nova linha de produto comece gerando US$70.000 em lucro anual (ou, mais especificamente, fluxo de caixa líquido) em um ano com início a partir de agora. Para simplificar, vamos também dizer que esse nível de lucro anual continuará pelos cinco anos subseqüentes (totalizando US$350.000). Fazer a linha de produto entrar em produção requer um investimento futuro de US$250.000. Os problemas para a empresa podem ser expressos assim: devido ao fluxo de lucro esperado e ao custo futuro de US$250.000 necessários para produzi-lo, será que uma nova linha de cabides para casacos é a maneira mais produtiva de investir esses US$250.000 iniciais? Ou seria melhor para a Amalgamated investir em outra coisa?

Um cálculo do valor presente líquido responde a esta pergunta reconhecendo que os US$350.000 de lucro que a Amalgamated espera receber em cinco anos não valem US$350.000 em dólares atuais. Por causa do valor no tempo do dinheiro, ele vale menos do que isso. Em outras palavras, essa soma futura de US$350.000 tem de ser descontada até um valor equivalente aos dólares de hoje. O valor que será descontado depende da taxa de retorno que a Amalgamated poderia esperar receber se tivesse preferido aplicar esse investimento inicial de US$250.000 em algo que não fosse a linha de cabides para casacos (mas com o mesmo risco) durante o mesmo período. Como explicamos anteriormente, essa taxa de retorno é chamada com freqüência de taxa de desconto. Definimos a taxa de desconto como a taxa anual, expressa em porcentagem, pela qual um pagamento futuro ou uma série de pagamentos é reduzida ao seu valor presente. Em nosso exemplo da Amalgamated, vamos supor uma taxa de desconto de 10%. Mas antes de descrever o cálculo, vamos expor a situação da seguinte maneira, com os valores em milhares de dólares:

Ano	0	1	2	3	4	5
Fluxo de caixa	–250	+70	+70	+70	+70	+70

Aqui vemos um fluxo de caixa negativo de US$250.000 no ano zero, o ponto de partida de nosso projeto de investimento. Esta é a saída de caixa necessária para que o projeto decole. A empresa depois tem um fluxo de caixa positivo de US$70.000 *no final* de cada um dos anos cinco seguintes.

O início ou o fim do período

Para resolver o valor presente líquido e outros problemas de valor no tempo, é importante saber se o fluxo de caixa ocorre no início ou no fim do período. O valor presente de um fluxo de caixa recebido no início de janeiro vale mais que a mesma quantia recebida no final de dezembro do mesmo ano. Sua calculadora financeira e a planilha eletrônica são programadas para incluir essa importante diferença.

Para encontrar o valor presente líquido do fluxo de caixa da Amalgamated, precisamos descobrir o valor presente de cada um dos fluxos de caixa de US$70.000, descontados em 10% para o número adequado de anos. Se somarmos os valores presentes das cinco entradas anuais e depois subtrairmos os US$250.000 investidos inicialmente, teremos o VPL de nosso investimento. Podemos determinar o VPL para esse conjunto de fluxos de caixa usando nossa tabela de FVP (Tabela 9.4) e seus fatores de juros do valor presente.[1]

TABELA 9.4
Valor presente líquido do fluxo de caixa da Amalgamated

	Fluxo de caixa (em US$1.000)	FVP	VP (em US$1.000)
Ano 0	–250		–250,00
Ano 1	+70	0,909	+63,63
Ano 2	+70	0,826	+57,82
Ano 3	+70	0,751	+52,57
Ano 4	+70	0,683	+47,81
Ano 5	+70	0,621	+43,47
Total			+15,30

Cálculos como esse podem ser trabalhosos, mas as calculadoras financeiras e as planilhas eletrônicas agora disponíveis podem executá-los com mais rapidez e precisão. Tudo o que você tem de fazer é colocar os números certos na seqüência correta. A função VPL em sua calculadora ou planilha leva em consideração seu investimento inicial, cada fluxo de caixa periódico, sua taxa de desconto e o número de anos durante os quais você receberá os fluxos de caixa.

Se o VPL resultante for um número positivo, e nenhum outro investimento for considerado, então o investimento deverá ser feito. No caso da Amalgamated exposto na Tabela 9.4, o VPL para a linha de cabides para casacos é positivo, US$15.300, o que sugere que seria um investimento atraente para a Amalgamated.[2] Sua taxa composta anual é de pelo menos 10%.

E quanto ao outro investimento que a Amalgamated está considerando, o extrusor plástico de US$100.000 descrito no Capítulo 8? Vamos reanalisar essa opção de investimento pelas lentes do VPL. Como mencionamos, a empresa estava considerando a possibilidade de gastar US$100.000 na compra e instalação de um novo extrusor que, de acordo com suas melhores estimativas, economizaria US$18.000 por ano durante um período de vida útil da máquina de sete anos. Podemos expor o problema como se segue, com os fluxos de caixa em milhares de dólares:

Ano	0	1	2	3	4	5	6	7
Fluxo de caixa	–100	+18	+18	+18	+18	+18	+18	+18

Com uma taxa de desconto de 10%, e usando a tabela de FVP na Tabela 9.2, determinamos que o VPL do projeto do extrusor é de –US$12.368. Como um VPL negativo, provavelmente não deve ser tentado.

Aqui devemos enfatizar o efeito que a taxa de desconto tem no VPL. Quanto maior a taxa de desconto, mais baixo o valor presente dos fluxos de caixa futuros. Suponha que a taxa de desconto da Amalgamated fosse de 6% em vez de 10%. Neste caso, o VPL para o extrusor seria ligeiramente positivo.

Observe outra coisa a respeito do cálculo do VPL para o extrusor. Mesmo com uma taxa de desconto de 6%, o VPL é bem menos positivo do que os otimistas 26% de retorno sobre o investimento (ROI) que calculamos no Capítulo 8. Esse ROI representa 26% por um período de sete anos, mas não leva em consideração o valor do dinheiro no tempo. Como uma ferramenta de decisão, o ROI tem um valor muito limitado. A análise de VPL proporciona uma avaliação mais exata das oportunidades de investimento.

Complicações

É claro que as situações de negócios quase sempre são mais complexas do que as convenientemente simples que inventamos nos exemplos da Amalgamated. Os investimentos em projetos raramente são feitos em um só bloco logo no início, e os fluxos de caixa quase sempre são irregulares — alguns positivos, outros negativos — ao longo do tempo. Além disso, freqüentemente é difícil ou impossível calcular com precisão como o fluxo de caixa será no futuro, ou quando ele finalmente terminará. Alguns investimentos terminam abruptamente com a venda de uma linha de produto ou do prédio de uma fábrica — o valor líquido da venda pode ser inserido como fluxo de caixa de valor final. Outros investimentos podem continuar por décadas e desaparecer gradualmente.

Com essa complexidade em mente, tentaremos apresentar um quadro um pouco mais realista de uma empresa usando a análise de VPL. Vamos deliberadamente tornar um pouco mais complexo o projeto de investimento na nova linha de produto da Amalgamated. Faremos isso de três maneiras, e depois mostraremos como você pode avaliar o projeto de investimento por meio do mesmo contexto de análise do VPL:

1. Distribuiremos o investimento de US$250.000 por três períodos em vez de um. É um procedimento mais típico no desenvolvimento de uma nova linha de produtos.

2. Os fluxos de caixa serão mais irregulares, com uma perda no primeiro ano e a lucratividade crescendo nos anos posteriores.

3. Planejaremos arbitrariamente que a Amalgamated venderá a linha de produto no fim de cinco anos por US$170.000, e trataremos o preço da venda como valor final.

A Tabela 9.5 mostra os resultados dessas suposições. Usando 10% como taxa de desconto, calculamos um VPL de cerca de US$69.800 para esta série de fluxos de caixa negativos e positivos. Se 10% é o custo do capital para a Amalgamated, podemos dizer que esse investimento: 1) ganharia seus custos de capital e 2) faria uma contribuição positiva de valor presente de US$69.800.

TABELA 9.5
Valor presente líquido do fluxo de caixa da Amalgamated, com complicações (valores em milhares de dólares)

	ANO					
	0	1	2	3	4	5
Investimentos de caixa	−150	−75	−25	0	0	0
Fluxo de caixa das operações		−15	+40	+80	+90	+100
Valor final						+170
Fluxo de caixa líquido	−150	-90	+15	+80	+90	+270
FVP		0,909	0,826	0,751	0,683	0,621
VP	−150	−81,81	+12,39	+60,08	+61,47	+167,67
VPL	+69,80					

Mais complicações

Nossa apresentação faz com que a análise de VLP pareça tão simples quanto a matemática na qual se baseia. É simples, mas os fluxos de caixa que usamos são, infelizmente, apenas estimativas. Considere o investimento de US$250.000 da Amalgamated. De onde veio esse número? É provável que seja uma estimativa produzida de comum acordo pelo pessoal das unidades de pesquisa e desenvolvimento e fabricação da Amalgamated. Essas pessoas têm experiência no projeto de novos produtos e montaram o equipamento de fabricação necessário para produzi-los rapidamente. Mas a experiência passada é um guia incerto para o futuro. A única coisa que você pode dizer com certeza é que o custo do investimento será mais ou menos de US$250.000!

Estimativas de fluxos de caixa líquidos provenientes de operações são ainda menos exatas. Veja como é determinado o fluxo de caixa das operações. O gerente da linha de produto sem dúvida faz ao departamento de marketing três perguntas:

1. Quantos desses novos produtos (em unidades) seu pessoal pode vender em cada um dos próximos cinco anos?
2. Qual seria nossa receita líquida de cada venda?
3. De que nível de orçamento de marketing você precisaria para atingir essas vendas por aquele preço?

O gerente provavelmente pegaria uma unidade de produção e faria uma estimativa do custo de mão-de-obra e material da unidade de fabricação. Na verdade, o gerente do novo produto teria de desenvolver uma mini demonstração de resultados, detalhada, semelhante à demonstração de resultados da empresa descrita no Capítulo 1. Esta demonstração detalharia as receitas e os custos (isto é, material, mão-de-obra, marketing e todos os outros custos) associados à nova linha de produto durante o período de cinco anos de análise. A soma das receitas e dos custos seria o fluxo de caixa proveniente das operações.

Quando reunidos, esses fluxos de caixa anuais das operações estimados seriam usados para determinar o VPL do projeto. Obviamente, há muitas suposições aqui, e muito erro — principalmente quando as pessoas tentam prever as vendas em futuro muito distante. Há ainda uma probabilidade de que as vendas da nova linha de produto venha a canibalizar as vendas das linhas de produtos existentes. Como conseqüência, os adversários deste investimento em geral podem encontrar muitas oportunidades para questionar os números, e executivos experientes geralmente insistem em previsões de vendas e estimativas de custos muito conservadoras.

Mesmo assim, a análise cuidadosa do VPL baseada em boas suposições é uma excelente ferramenta na tomada de decisões — e é certamente melhor do que as alternativas. Seu valor pode ser melhorado se o VPL de um investimento é apresentado em cenários do pior, o mais provável e o melhor caso. Essa abordagem obtém uma ampla gama de opiniões na organização sobre as futuras vendas unitárias, custos variados de produção e outros pressupostos.

Estudo de caso: Além do VPL

Farnsworth Dabble, vice-presidente de desenvolvimento de produto da Amalgamated Hat Rack, estava terminando de fazer sua apresentação da proposta de uma nova linha de produto à gerência sênior. Ele dirigiu a atenção de seu público para a série de cinco anos de fluxo de caixa que ele e seus colegas previram a partir da nova linha de produto proposta. "E assim vocês podem ver que previmos fluxos de caixa negativos em cada um dos primeiros dois anos do projeto, principalmente devido a dispêndios de P&D e aumento na produção. Mas para os três anos seguintes, prevemos fluxos de caixa saudáveis, particularmente se vendermos a linha de produto e as instalações de produção no fim do quinto ano."

Dabble passou a explicar as premissas adotadas na determinação daqueles fluxos de caixa, os debates internos em que foram baseados e o fato de sua equipe preferir pecar por excesso de moderação nas projeções. "Como podem ver", concluiu com satisfação, "a linha de produto proposta tem um valor presente líquido positivo."

O diretor financeiro foi o primeiro a reagir. "Então, qual é a taxa interna de retorno para esse projeto?"

Dabble murchou. Taxa interna de retorno? Ele ouvira essa expressão antes e tinha uma vaga noção de seu significado, mas não tinha idéia de como fazer o cálculo ou responder à pergunta do diretor financeiro. No fim, ele foi obrigado a proferir as três palavras terríveis, esperando que nenhum de seus subalternos pudesse ouvi-lo: "Eu não sei."

Taxa interna de retorno

A *taxa interna de retorno* (TIR) é outra ferramenta que os gerentes podem usar para decidir se devem comprometer-se com uma determinada oportunidade de investimento ou se devem avaliar os atrativos de várias oportunidades. A TIR é definida como a taxa de desconto pela qual o VPL de um investimento se iguala a zero. Vamos considerar o que isso significa em relação a nossa versão mais complicada da projeção de fluxo de caixa da Amalgamated para sua nova linha de produto:

Ano	0	1	2	3	4	5
Fluxo de caixa líquido	–150	–90	+15	+80	+90	+270

Como calculamos anteriormente, o VPL dessa corrente de fluxos de caixa descontados a 10% era de US$69.800 positivos. Isso nos mostrou que esses números, se realizados, cobririam o custo de capital da Amalgamated (10%) *e* contribuiria com um valor presente adicional de US$69.800. A TIR nos diz algo mais. Ela junta a taxa de desconto *e* a contribuição do valor presente adicional em um só número. Para calculá-la, precisamos determinar a taxa de desconto que reduziria o VPL a exatamente zero. A TIR é essa taxa de desconto.

Sabemos que a TIR para nosso exemplo deve ser superior a 10% porque o fluxo de caixa descontado a 10% produziu um VPL positivo. Mas superior em quanto? Bem, se tivéssemos alguns quadros negros e algumas horas, poderíamos calcular a TIR por meio de um processo iterativo que usasse taxas de desconto progressivamente mais altas. No fim, teríamos aquela que produziria um VPL de zero. Mas as calculadoras financeiras e as planilhas eletrônicas novamente vêm em nosso socorro, tornando os cálculos da TIR muito fáceis. Só precisamos entrar com os valores de cada um dos fluxos de caixa e resolver a taxa de desconto (i). O cálculo da TIR é baseado na mesma fórmula algébrica do cálculo do VPL. Com o cálculo do VPL, você conhece a taxa de desconto, ou a taxa de retorno desejada, e está resolvendo a equação para o VPL dos fluxos de caixa futuros. Já com a TIR, o VPL é zerado e a taxa de desconto é desconhecida. A equação resolve a taxa de desconto. Para o projeto da Amalgamated que descrevemos, a TIR é de cerca de 17,7%.

Em geral, quando a TIR é maior que o custo de oportunidade (o retorno esperado sobre um investimento equivalente) do capital necessário, o investimento que está sendo analisado deve ser assegurado. Você pode usar a *taxa de atratividade* da empresa como a meta de TIR. Em geral, o diretor financeiro determina a taxa de atratividade. A taxa de atratividade é uma taxa mínima de retorno que todos os investimentos para um empreendimento específico devem atingir. A TIR do investimento em análise deve ultrapassar a taxa de atratividade para que a empresa siga adiante com ele.

A taxa de atratividade e o custo de capital

Definimos a taxa de atratividade como a taxa mínima de retorno que todos os investimentos de um empreendimento específico devem atingir. O *custo de capital* da empresa é mais específico. Ele é o custo médio ponderado das diferentes fontes de capital da organização: dívida e patrimônio.

Todo mundo entende que o capital de dívida empregado pelas empresas tem um custo — isto é, os juros pagos em obrigações e outros documentos de dívida. Mas pouca gente que não está familiarizada com as finanças sabe que o capital com que os proprietário contribuem tem um custo real. Acontece que ele tem. Esse custo é um custo de oportunidade — o que os acionistas podem ganhar sobre seu capital se investirem na melhor oportunidade seguinte disponível para eles com o mesmo nível de risco. Por exemplo, se você tivesse US$100.000 de seu dinheiro vinculado a ações da XYZ, Incorporated, uma empresa cujas ações têm um preço que flutua muito, seu custo de oportunidade para esse capital seria de 14% — o retorno que você seria capaz de obter com um investimento de risco equivalente. Assim, para uma grande empresa estável, o custo de oportunidade dos acionistas pode ser de 10%; em uma empresa de alta tecnologia e alto risco, os proprietários podem esperar um retorno de 18%.

A metodologia para o cálculo do custo de capital para uma empresa individual ou para unidades de negócios está além do âmbito deste livro. Para simplificar, contudo, podemos dizer que o custo de capital é o custo médio ponderado das diferentes fontes de capital da organização.

De um ponto de vista prático, você pode equacionar o custo de capital de sua empresa com a taxa de atratividade mencionada em nossa análise do VPL. O diretor financeiro pode fornecer esse número, mas provavelmente ajustará para cima a taxa de atratividade de projetos de risco crescente.

Qual é a taxa de atratividade razoável para uma empresa? Isso varia de uma empresa para outra. Em geral, a taxa de atratividade é estabelecida bem abaixo do que pode ser obtido com um investimento sem risco, como uma letra do Tesouro americano. Você pode, na verdade, considerar a taxa de atratividade como se segue:

Taxa de atratividade = taxa sem risco + prêmio que reflete o risco da empresa

Como qualquer investidor, uma entidade de negócios espera ser recompensada pela incerteza à qual está sujeita. E novas linhas de produto e outras atividades semelhantes são, por natureza, cheias de incerteza. Por esse motivo, elas exigem que os projetos potenciais mostrem uma promessa particularmente boa.

Algumas empresas usam diferentes taxas de atratividade para diferentes tipos de investimento, com os investimentos de baixo risco tendo de enfrentar menos obstáculos do que os que seriam impostos por investimentos de risco maior. Por exemplo, uma empresa pode exigir que a substituição de uma linha de montagem existente ou uma peça específica de equipamento use uma taxa de atratividade de 8%, enquanto a expansão de uma linha de produto existente teria uma taxa de atratividade de 12%. O desenvolvimento de uma nova linha de produto, que tem um risco ainda maior, pode exigir uma taxa de atratividade de 15%.

Análise de sensibilidade

Toda previsão de negócios inclui uma ou mais premissas. Ao propor nova linha de cabides para casacos da Amalgamated, os gerentes da empresa sem dúvida estavam supondo que seus revendedores pagariam X dólares por unidade, que os custos de material seriam de Y dólares por unidade e que o investimento necessário para levar a operação adiante seria de Z dólares. Estas são algumas das muitas premissas.

O que aconteceria se uma ou mais destas premissas não se confirmassem? A análise de sensibilidade o ajuda a fazer exatamente essa pergunta e ver as ramificações de mudanças incrementais nas premissas que estão por trás de uma determinada projeção.

A Amalgamated espera que sua nova linha de cabides para casacos gere US$70.000 em fluxo de caixa anual no primeiro ano a partir do início do projeto. Mas o que aconteceria se algumas variáveis do cenário mudassem — como isso afetaria a avaliação geral da oportunidade de investimento?

Charles Peabody, vice-presidente da Divisão Cabeça de Alce da Amalgamated, está projetando US$70.000 em fluxo de caixa anual por cinco anos — como em nosso exemplo inicial de valor presente. Natasha Rubskaya, a diretora financeira da empresa, é menos otimista. Ela acredita que Peabody subestimou demais os custos de marketing necessários para apoiar a nova linha. Ela prevê um fluxo de caixa anual de US$45.000. E há também Theodore Small, vice-presidente sênior de desenvolvimento de novos produtos. Sempre otimista, ele está convencido de que os cabides para casacos praticamente se venderão sozinhos, produzindo um fluxo anual de lucro de US$85.000.

A Amalgamated faz a análise de sensibilidade usando os três cenários de lucro. O VPL para o de Peabody é de US$15.355. O de Rubskaya está no território negativo de –US$79.415. O cenário de Small resulta em um VPL de US$72.217.

Se Rubskaya estiver certa, os cabides para casacos não valerão o investimento. Se qualquer um dos outros dois estiver certo, contudo, o investimento valerá a pena — e muito, se as projeções de Small acertarem o alvo. É aqui que o julgamento tem seu lugar. Se Natasha Rubskaya fizer a melhor estimativa dos três, então o conselho diretor da Amalgamated pode preferir considerar sua estimativa do lucro potencial da linha. Melhor ainda, a empresa deve analisar detalhadamente seus custos de marketing. Qualquer que seja o caminho que tome, a análise de sensibilidade dará ao conselho diretor uma visão mais detalhada do investimento e de como ele seria afetado por várias mudanças nas suposições. Outras contingências, ou mudanças em outras variáveis, podem ser planejadas com a mesma facilidade.

O ponto de partida para a análise de sensibilidade está nas premissas subjacentes. Se você está procurando uma análise de ponto de equilíbrio, dê outra olhada em suas premissas sobre cada um dos principais componentes:

- **Custos fixos e custos variáveis.** Você tem certeza de que suas estimativas para estes custos são corretas? Considere a opinião dos outros, e tente estabelecer uma gama de cenários prováveis de custos. As estimativas perfeitas quase sempre estão erradas.
- **Contribuição.** A contribuição unitária é baseada no preço de venda menos o custo unitário variável. Assim, se você está procurando um novo produto ou serviço, é provável que o preço de venda ainda precise ser testado. Questione a validade dessa premissa. Se seu produto ou serviço vai ser muito semelhante a outros que já estão no mercado, então o preço que as pessoas já estão pagando pode ser um guia confiável. Mas se seu produto ou serviço é "novo para o mundo", então pode haver alguma conjetura envolvida na definição do preço de venda — mesmo que sua empresa faça uma pesquisa com clien-

tes. Assim, novamente, é uma boa idéia estabelecer uma gama de preços de venda prováveis para o novo produto ou serviço.

Você pode fazer o mesmo tipo de análise de sensibilidade em cálculos de VPL. No caso da Amalgamated, por exemplo, você ia querer examinar melhor os fluxos de caixa positivos previstos nos anos de um a cinco. A maioria das pessoas não consegue prever com exatidão o fluxo de caixa do ano seguinte, muito menos aqueles que ocorrem muitos anos à frente. Assim, a previsão de Charles Peabody de US$70.000 por ano pode não ser confiável. O estudo cuidadoso pode revelar uma gama de possíveis fluxos de caixa, com essa gama se ampliando a cada ano, como mostramos aqui.

Ano	0	1	2	3
Fluxo de caixa	–250	de +68 a +72	de +65 a +75	de +62 a +78

Ano	4	5
Fluxo de caixa	de +60 a +80	de +58 a +82

Novamente, é muito mais provável que você esteja certo se prevê os fluxos de caixa futuros como *faixas* de possíveis resultados. Uma vez que você os tenha determinado para sua situação, calcule o VPL para o melhor caso, o pior caso e o caso mais provável. Isso ajudará seus executivos graduados a tomarem uma decisão melhor. Também ajudará todos a compreender que premissas compensarão ou não o investimento. Estas podem ser o preço de venda, o momento do lançamento do novo produto ou o custo de matéria-prima. A gerência pode então concentrar seu tempo e energia em fazer previsões mais precisas sobre esses itens e, quando o projeto estiver em andamento, a gerência saberá que deve dar uma atenção maior a essas questões importantes.

Valor econômico agregado

Nossa última ferramenta é uma que muitas companhias têm adotado desde o início da década de 1990. Esta ferramenta dá aos acionistas e gerentes uma percepção melhor do desempenho dos negócios ou da unidade de negócios. Muitos a usam como parâmetro para determinar as bonificações da gerência. Em muitos aspectos ela está relacionada com os conceitos de VPL e TIR que já abordamos. É chamada *valor econômico agregado*, ou EVA (de *economic value added*).

Durante muitos anos, os CEOs e gerentes de unidade se congratularam pela produção de lucros na demonstração de resultados. "Minha empresa (unidade) produziu mais um ano de operações lucrativas", eles exultariam. Eram grandes heróis. Os consultores financeiros Joel Stern e Bennett Stewart chamaram a atenção de muitos desses executivos no final da década de 1980 para o erro que estavam cometendo. Certamente esses executivos tinham produzido lucros contábeis, mas não eram lucros econômicos *reais*. E o motivo para a discrepância era o fato de não reconhecerem um custo importante — o custo do capital usado em suas operações.

De modo simplificado, o EVA é a receita operacional líquida depois dos impostos *menos* o custo do capital usado para obtê-la, ou

EVA = Lucros operacionais líquidos depois dos impostos – (capital utilizado x custo do capital)

Por não contabilizarem o custo do capital, muitas empresas parecem lucrativas mesmo que dilapidem a riqueza dos acionistas. Mas, a menos que uma empresa devolva um lucro maior do que seu custo de capital, ela opera com uma perda. Ela pode pagar impostos e declarar um lucro em sua demonstração de resultados, mas destrói o valor acionári o se ganha menos do que seu custo de capital. E muitas empresas aparentemente lucrativas estão fazendo exatamente isso. Por levar em conta todos os custos de capital, inclusive o custo do patrimônio dos proprietários, o EVA calcula o valor monetário que uma empresa — ou uma de suas unidades operacionais — cria ou destrói em um determinado período contábil.

O EVA é tanto uma ferramenta para a avaliação de novos projetos como um parâmetro para aferir e recompensar o desempenho gerencial. Quando o usamos como uma ferramenta de avaliação, perguntamos: "Será que o projeto aumentará o valor econômico?" Quando prevemos o impacto de um novo projeto ou investimento sobre o lucro operacional líquido depois dos impostos (por nossa fórmula), e subtraímos o custo de capital, podemos determinar seu valor econômico agregado — ou valor perdido. O VPL faz a mesma coisa e, graças à taxa de desconto, também reconhece o custo de capital. Mas o EVA é mais eficaz como parâmetro para medir e recompensar a gerência. Ele estimula os gerentes a observar como o capital é empregado em suas unidades e perguntar: "Será que esta ou aquela aplicação específica de capital realmente está restituindo pelo menos os custos?" Eles começam a avaliar com mais cuidado os ativos que todos costumavam considerar bens livres: trens de carga, maquinaria, prédios, linhas de montagem, e assim por diante. E eles quase sempre descobrem que a empresa estaria melhor liquidando aqueles ativos e deslocando os lucros para atividades com retornos mais altos.

Resumo

Este capítulo apresentou o que muitos consideram as ferramentas financeiras mais valiosas disponíveis para gerentes e analistas financeiros: o valor presente líquido, a taxa interna de retorno, o valor econômico agregado e seus vários conceitos relacionados. Essas ferramentas são muito superiores à recuperação e ao retorno sobre o investimento, que não conseguem reconhecer nem o *timing* dos fluxos de caixa nem o custo de capital da empresa (ou taxa de atratividade). Em resumo, suas características são as seguintes:

- O valor presente líquido (VPL) é o valor monetário atual de uma corrente de fluxos de caixa futuros positivos ou negativos descontados a uma taxa de juros compostos anual. Você pode usar a análise de VPL em qualquer número de propostas de tomada de decisão.
- A taxa interna de retorno (TIR) é outra ferramenta que você pode usar para decidir se deve se comprometer com uma determinada oportunidade de in-

vestimento, ou avaliar o nível de atratividade de várias oportunidades. A TIR é a taxa de desconto pela qual o VPL de um investimento se iguala a zero.

- O valor econômico agregado (EVA) é o lucro operacional líquido depois dos impostos menos o custo do capital utilizado para obtê-lo. Muitas empresas usam o EVA como uma norma para avaliar operações, investimentos e desempenho da empresa. Como o VPL, ele obriga a gerência a levar em consideração o custo do capital empregado em suas decisões.

Quer você esteja considerando o desenvolvimento de um novo produto, a compra de um novo ativo ou qualquer outro tipo de investimento, as ferramentas de valor no tempo podem aumentar bastante sua capacidade de tomar decisões. Elas podem ajudá-lo a determinar o valor de ativos, um assunto ao qual voltaremos a seguir.

Acabamos de examinar superficialmente este importante assunto neste capítulo. Se você deseja aprender mais sobre esses tópicos, nossos conselhos são três: 1) leia mais sobre conceitos de valor no tempo em qualquer um dos livros sobre finanças empresariais que estão disponíveis atualmente; 2) aprenda a usar uma calculadora financeira ou planilha eletrônica; e 3) pratique a aplicação dessas ferramentas a problemas da empresa à medida que se deparar com eles.

10

Conceitos de avaliação

Avaliando a oportunidade

Principais tópicos abordados neste capítulo

- *Métodos de avaliação com base em ativos*
- *Métodos de avaliação com base nos lucros*
- *Abordagem de fluxo de caixa descontado para avaliação*

QUER VOCÊ ESTEJA comprando ou vendendo uma empresa global, uma divisão operacional, um restaurante local ou um lote de ações, a pergunta "Quanto é que vale?" supera todas as outras, e por um bom motivo. A taxa de retorno de uma boa empresa ou um bom lote de ações provavelmente será decepcionante se a compra foi feita por um preço alto demais. Da mesma forma, subestimar o valor de uma entidade em uma transação de venda pode impedir que o proprietário ganhe muito dinheiro.

Avaliar um negócio — grande ou pequeno — não é fácil, nem é exato. O campo das finanças, contudo, desenvolveu métodos para que se consiga o valor mais próximo. Este capítulo o apresentará a vários métodos.[1]

Mas antes de começarmos, considere várias advertências. O verdadeiro valor de um negócio nunca pode ser conhecido com certeza. Podemos procurá-lo, mas nunca podemos estar certos de que descobrimos o verdadeiro valor do negócio. Essa falta de certeza é conseqüência de dois problemas. Primeiro, os métodos alternativos de avaliação não conseguem produzir o mesmo resultado, mesmo quando calculados meticulosamente. Segundo, o produto dos métodos de avaliação será tão bom quantos os dados e as estimativas que utilizarmos, e esses são quase sempre incompletos ou não confiáveis. Por exemplo, um método depende muito de estimativas dos fluxos de caixa futuros. No melhor dos casos, essas estimativas serão apenas aproximadas. No pior, elas estarão muito longe da verdade.

Outra consideração é que uma empresa tem valores diferentes para diferentes partes. Compradores com perspectivas diferentes provavelmente atribuirão valores diferentes ao mesmo conjunto de ativos. Por exemplo, se você fosse um colecionador de livros que já possuísse as primeiras edições de todos os romances de Hemingway exceto *Por quem os sinos dobram*, este livro seria muito mais valioso para você do que para outro colecionador que possuísse apenas uma ou duas primeiras edições de Hemingway. O motivo? Para você, a aquisição completaria um *conjunto*, e seu valor seria maior do que a soma dos livros considerados separadamente. As empresas vêem as aquisições por uma perspectiva semelhante. A aquisição de uma pequena empresa de alta tecnologia, por exemplo, pode proporcionar ao comprador a tecnologia de que ele precisa para alavancar suas outras operações. Isso explica, em parte, por que tantas empresas são compradas por um valor maior do que o valor de mercado de suas ações.

Estudo de caso: O valor de se aposentar

O primeiro *e-mail* do dia acabara de aparecer em seu monitor, e tinha a marca "Urgente". É de seu chefe, o gerente-geral da divisão, e do diretor financeiro: "Vamos nos reunir amanhã à tarde, às 2 horas, na sala do conselho, para discutir uma possível aquisição da Amalgamated Hat Rack, Inc., que acreditamos que faria uma boa combinação estratégica com nossa linha de móveis residenciais e de escritório. Por favor, venha preparado para discutir questões de avaliação."

Você está familiarizado com a Amalgamated e conhece seu fundador e CEO, Angus McDuff, cuja história foi apresentada em uma edição recente da *Furniture Times*. É provável que essa mesma história tenha estimulado o interesse de sua empresa pela possível aquisição. Devido à idade de McDuff e uma vez que sua empresa é controlada pela família McDuff, pelos principais funcionários e os gerentes aposentados, você especula que a Amalgamated está madura para uma venda. Pode ser uma boa oportunidade, mas você não sabe direito como abordar as questões de avaliação na reunião de amanhã.

Também é importante ter em mente que a avaliação é de domínio dos especialistas. Empresas pequenas e de controle familiar em geral recorrem a avaliadores profissionais quando seu valor deve ser estabelecido para fins de venda da entidade, para determinar o valor de suas ações quando o plano de participação acionária dos funcionários é usado, ou para algum outro propósito. Quando grandes empresas de capital aberto ou suas unidades de negócios são o objeto de uma avaliação, os executivos geralmente recorrem a uma variedade de empresas de contabilidade geral, bancos de investimento ou empresas de consultoria. Muitos desses vendedores têm departamentos dedicados inteiramente a fusões e aquisições, em que os problemas da avaliação são o foco central. Mesmo assim, um gerente bem preparado deve compreender a natureza de diferentes métodos de avaliação — e seus pontos fortes e fracos.

Os problemas de avaliação quase sempre surgem no contexto de empresas de capital fechado — isto é, empresas com apenas alguns proprietários — ou na venda de uma unidade operacional de uma empresa de capital aberto. Em nenhum dos dois casos as ações dos proprietários são negociadas publicamente. Os mercados de capital aberto, como o Nasdaq ou a Bolsa de Valores de Nova York, tornam a avaliação mais transparente. A compra e venda diária nesses mercados determina o preço por ação de uma empresa. E esse preço, multiplicado pelo número de ações em circulação, geralmente proporciona uma base para um valor aproximado justo da empresa em um determinado momento.

Avaliações com base em ativos

Uma forma de avaliar uma empresa é determinar o valor de seus ativos. Aqui estão quatro abordagens para avaliações baseadas em ativos: valor patrimonial, valor contábil ajustado, valor de liquidação e valor de substituição.

Valor patrimonial

O *valor patrimonial* é a abordagem de avaliação mais simples e usa o balanço patrimonial como fonte primária de informação. Aqui está a fórmula:

Valor patrimonial = ativos totais – passivos totais

Para testar esta fórmula, considere o balanço patrimonial da Amalgamated Hat Rack apresentado no Capítulo 1. A Tabela 1.1 mostrou que os ativos totais eram iguais a US$3.635.000, enquanto os passivos totais eram de US$1.750.000. A diferença — o valor patrimonial — é de US$1.885.000. Observe que este é o mesmo valor do patrimônio dos proprietários. Em outras palavras, deduza o valor de balanço (ou contábil) dos ativos da empresa do total de suas dívidas e outras obrigações financeiras, e você tem o valor patrimonial.

Essa abordagem de valor patrimonial é fácil e rápida. E não é raro ouvir executivos de um determinado setor calcularem o valor de sua empresa no contexto do valor patrimonial. Por exemplo, um proprietário pode afirmar que sua empresa vale pelo menos o valor contábil em uma venda porque essa era a quantia que ele tinha investido na empresa. Mas o valor patrimonial não é um guia confiável para empresas de muitos setores. O motivo é que os ativos são incluídos no balanço por seus custos históricos, que podem não representar seu valor atual. O valor dos ativos de balanço podem ser irreais também por outros motivos. Considere os ativos da Amalgamated:

- As contas a receber podem ser suspeitas se muitas contas não são cobráveis.
- O estoque reflete o custo histórico, mas o estoque pode não ter valor ou valer menos do que o valor declarado no balanço (ou valor "contábil") por causa da deterioração ou de obsolescência. Alguns estoques podem ser *sub*avaliados.
- A propriedade, instalações e equipamento líquido de depreciação também devem ser examinados cuidadosamente — em particular o terreno. Se a propriedade da Amalgamated fosse colocada nos livros em 1975 — e se por aca-

so estivesse localizada no coração do Vale do Silício — então seu valor real de mercado poderia ser dez ou vinte vezes maior que o de 1975.

Estes são apenas alguns exemplos. Por muitas razões, contudo, o valor contábil nem sempre é o verdadeiro valor *de mercado*.

Valor contábil ajustado

O ponto fraco da abordagem rápida do valor patrimonial tem levado algumas pessoas a adotar o *valor contábil ajustado*, que tenta colocar o valor dos ativos de balanço nos níveis realistas de mercado. Considere a influência do valor contábil ajustado em uma compra alavancada de uma grande cadeia de lojas de varejo na década de 1990. Na época da análise, a cadeia de lojas tinha um valor contábil de US$1,3 bilhão. Depois que seu estoque e seus ativos de propriedade foram ajustados a seus valores avaliados, contudo, o valor da empresa saltou para US$2,2 bilhões — um aumento de 69%.

Quando for ajustar os valores dos ativos, é particularmente importante determinar o valor real de quaisquer intangíveis listados, como reputação e patentes. Em muitos casos, a reputação é uma ficção contábil criada quando uma empresa compra outra com um ágio sobre o valor contábil — isto é, por um preço mais alto que o valor contábil. O ágio deve ser incluído no balanço como reputação. Mas, para um possível comprador, o ativo intangível pode não ter nenhum valor.

Valor de liquidação

O valor de liquidação é semelhante ao valor contábil ajustado. Tenta expressar os valores de balanço em relação ao caixa líquido que seria realizado se os ativos fossem utilizados em uma venda rápida e todos os passivos da empresa fossem pagos ou saldados de outra forma. Esta abordagem reconhece que muitos ativos, principalmente estoque e ativos fixos, em geral não atraem tanto quanto o fariam se a venda fosse feita de maneira mais deliberada.

Valor de substituição

Algumas pessoas usam o *valor de substituição* para obter uma estimativa aproximada de valor. Este método simplesmente estima o custo de reprodução dos ativos da empresa. É claro que um comprador pode não querer reproduzir todos os ativos incluídos no preço de venda de uma empresa. Neste caso, o valor de substituição representa mais do que o valor que o comprador daria à empresa.

As várias abordagens de avaliação com base em ativos descritas aqui geralmente têm em comum alguns pontos fortes e fracos. No aspecto positivo, as abordagens são de cálculo fácil e barato. Elas são também fáceis de compreender. No aspecto negativo, o valor patrimonial e o valor de liquidação não conseguem refletir o valor real de mercado dos ativos. E todas as abordagens deixam de reconhecer o valor intangível de uma empresa, que deriva, em boa parte, de seu poder de gerar riqueza a partir do conhecimento humano, habilidade e reputação.

Avaliações com base nos lucros

Outra maneira de avaliar uma empresa é tirar proveito de seus ganhos. Isto envolve multiplicar alguns dos valores dos lucros da demonstração de resultados por algum índice. Alguns métodos baseados nos lucros são mais sofisticados que outros. Há também a questão de qual lucro e de que índice usar.

Índice dos lucros

Para uma empresa de capital aberto, o preço atual das ações multiplicado pelo número de ações em circulação indica o valor de mercado do patrimônio da empresa. Acrescente o valor da dívida da empresa, e você terá o valor total da empresa. Pense desta maneira: o valor total de uma empresa é o patrimônio dos proprietários *mais* qualquer dívida. Por que acrescentar a dívida? Considere sua própria casa. Quando você vai vender sua casa, você não estabelece o preço no nível de seu patrimônio na propriedade. Seu valor é o total da dívida pendente e sua participação acionária. Da mesma forma, o valor de uma empresa é o patrimônio dos acionistas mais os passivos. Isto é chamado com freqüência de *valor da empresa*.

Para uma empresa de capital aberto cujas ações são cotadas pelo mercado a cada dia útil, fixar o preço do patrimônio é simples. E quanto à empresa de capital fechado, cujo preço das ações geralmente é desconhecido, já que essa empresa não negocia em um mercado público? Podemos chegar a um valor estimado usando o chamado índice preço/lucro (freqüentemente chamado de relação P/L) de empresas similares que são negociadas publicamente. A abordagem *preço-lucro* para o valor das ações começa com esta fórmula:

Preço das ações = lucros atuais x índice

Calculamos o índice de empresas equivalentes de capital aberto da seguinte maneira:

Índice = preço das ações/lucros correntes

Assim, se as ações da XYZ Corporation são negociadas a US$50 por ação e seus ganhos atuais são de US$5 por ação, então o índice é 10. No jargão do mercado de ações, dizemos que a XYZ está sendo negociada com o P/L igual a dez.

Podemos usar essa abordagem do índice para fixar o preço do patrimônio de uma empresa de capital fechado se pudermos encontrar uma ou mais empresas similares com índices *preço-lucros* conhecidos. Isto é um desafio, já que não existem duas empresas exatamente iguais. A singularidade de cada empresa faz com que os especialistas em avaliação consideram seu trabalho parte ciência e parte arte. Para examinar este método com mais profundidade, vamos voltar à nossa empresa do exemplo.

Como a Amalgamated Hat Rack é uma empresa de capital fechado, não temos uma referência prontamente disponível para avaliar suas ações. Mas vamos supor que conseguíssemos identificar uma empresa de capital aberto (ou, ainda melhor, várias empresas) similares à Amalgamated na maioria dos aspectos — tanto em relação ao setor quanto em relação ao porte. Vamos chamar uma dessas empresas de Acme Corporation. E vamos supor que a relação P/L da Acme é de 8. Vamos supor também que nossos pesquisadores descobriram que outra empresa, desta vez privada, foi adquirida recentemente por uma grande fabricante de móveis para escritório a aproximadamente pelo mesmo índice: 8. Isso nos dá a confiança de que nosso índice 8 está perto do número exato. Com esta informação, vamos rever a demonstração de resultados da Amalgamated apresentada no Capítulo 1 (Tabela 1.2) para encontrar sua renda líquida (lucros) de US$347.000.

Inserindo os números relevantes na fórmula a seguir, calculamos o valor da Amalgamated:

Lucros x índice adequado = valor do patrimônio
US$ 347.500 x 8 = US$ 2.780.000.

Lembre-se de que este é o valor patrimonial da empresa. Para encontrar o valor "empresarial" total da Amalgamated, devemos adicionar o total de seus passivos sujeitos a juros. A Tabela 1.1 mostra que os passivos sujeitos a juros da empresa (dívidas de curto e longo prazos) para 2002 são de US$1.185.000. Assim, o valor de toda a empresa é o seguinte:

Valor da empresa = valor patrimonial + valor de dívida sujeita a juros
US$3.965.000 = US$2.780.000 + US$1.185.000

A eficácia da abordagem com base no índice para a avaliação depende em parte da confiabilidade dos números dos lucros. Os lucros mais recentes podem, por exemplo, ser artificialmente reduzidos pela desvalorização rápida de estoque obsoleto, ou aumentar abruptamente pela venda de uma empresa subsidiária. Por isso, é essencial que você "decante" os itens aleatórios e não-recorrentes. Da mesma forma, você deve analisar as despesas para determinar se elas são normais — nem extraordinariamente altas nem extraordinariamente baixas. Por exemplo, a manutenção incomumente baixa e encargos de reparo durante um período de tempo aumentam os ganhos a curto prazo mas resultam em despesas extraordinárias no futuro por manutenção adiada. Do mesmo modo, as vendas não recorrentes, "caídas do céu", também podem distorcer o quadro dos lucros.

Nas pequenas empresas de capital fechado, você precisa prestar uma atenção especial nos salários dos sócios-administradores e dos membros de suas famílias. Se esses salários forem irracionalmente altos ou baixos, é necessário fazer um ajuste nos ganhos. Você também deve avaliar as taxas de depreciação para determinar sua validade e, se necessário, fazer ajustes adequados para ganhos declarados. E, já que está com a mão na massa, dê uma olhada cuidadosa nos impostos que têm reduzido os lucros do resultado financeiro. O total de impostos de renda federal e estadual pagos no passado pode influenciar os ganhos futuros, por causa de dispositivos de compensação fiscal retroativa e futura na legislação fiscal.

Índice EBIT

A confiabilidade da abordagem do índice para a avaliação que acabamos de descrever depende da comparabilidade da empresa ou das empresas usadas como substitutas para a empresa cujo valor estamos tentando calcular. No exemplo anterior da Amalgamated, dependemos muito dos *índices de lucro* da Acme Corporation, uma empresa de capital aberto cujo negócio é similar ao da Amalgamated. Infelizmente, essas duas empresas podem produzir resultados operacionais iguais e apesar disso indicarem lucros muito diferentes no resultado financeiro para seus acionistas. Como isso é possível? São duas as respostas: a forma como elas são financiadas e os impostos. Se uma empresa é altamente financiada com dívidas, suas despesas com juros serão grandes, e essas despesas reduzirão os dólares totais disponíveis para os acionistas no resultado financeiro. Da mesma maneira, a carga tributária de uma empresa pode ser muito maior que a da outra por algum motivo que tem pouco a ver com suas capacidades futuras de produzir riqueza. E os impostos reduzem os lucros do resultado financeiro.

Considere o cenário hipotético da Tabela 10.1. Observe que as duas empresas produzem os mesmos lucros antes dos juros e dos impostos (EBIT). Mas como a Acme usa mais dívidas e menos patrimônio no financiamento de seus ativos, sua despesa com juros é muito maior (US$350.000 contra US$110.000). Isso reduz drasticamente seus lucros antes dos impostos de renda em relação à Amalgamated. Mesmo depois de cada uma delas pagar uma porcentagem igual de imposto de renda, a Acme termina com resultados substancialmente menores.

TABELA 10.1
Demonstrações de resultados hipotéticas da Amalgamated Hat Rack e da Acme Corporation (em US$)

	Amalgamated	Acme
Lucros antes dos juros e dos impostos	757.500	757.500
Menos: despesas com juros	110.000	350.000
Lucros antes do imposto de renda	647.500	407.500
Menos: Imposto de renda	300.000	187.000
Renda líquida	347.500	220.500

Esta variação nos lucros entre duas empresas comparáveis em outros aspectos produziria valores patrimoniais diferentes para as duas, e teria de ser sanada pela adição nos passivos de cada empresa. No entanto, o problema pode ser contornado pelo uso do EBIT em vez de lucros finais em nosso processo de avaliação. Alguns profissionais vão um passo além e usam o índice EBITDA. O

EBITDA é o EBIT *mais* depreciação e amortização. A depreciação e amortização são encargos não-monetários que incidem nos lucros finais — alocações de contabilidade que tendem a criar diferenças entre empresas semelhantes. Mas usando o EBITDA na equação de avaliação, esta possível distorção é evitada.

Método do fluxo de caixa descontado

Um grande problema dos métodos baseados nos lucros que acabamos de descrever é que eles se baseiam no desempenho histórico — o que aconteceu no ano passado. E, como se ouve com muita freqüência, o desempenho passado não é garantia de resultados futuros. Se você estivesse fazendo uma oferta para comprar uma pequena empresa local, provavelmente basearia sua proposta em sua capacidade de produzir lucros nos anos *futuros*. Da mesma forma, se sua empresa tivesse planos de adquirir a Amalgamated Hat Rack, ela estaria menos interessada naquilo que a Amalgamated ganhou no passado do que naquilo que provavelmente ganhará no futuro sob uma nova administração e como uma unidade integrada de sua empresa.

Podemos dirigir nossa avaliação baseada nos lucros para o futuro usando um método de avaliação mais sofisticado: o *fluxo de caixa descontado* (DCF, de *discounted cash flow*). O método de avaliação por DCF é baseado nos mesmos conceitos de valor do dinheiro no tempo que abordamos no Capítulo 9. O DCF determina o valor pelo cálculo do valor presente dos futuros fluxos de caixa de uma empresa, inclusive seu valor final. Como estes fluxos de caixa estão disponíveis para os detentores do patrimônio e da dívida, o DCF pode refletir o valor da empresa como um todo ou pode se restringir aos fluxos de caixa disponíveis para os acionistas.

Por exemplo, vamos aplicar este método à avaliação que sua própria empresa faz da Amalgamated Hat Rack, usando os seguintes passos:

1. O processo deve começar com a demonstração de resultados da Amalgamated, a partir da qual os especialistas em finanças de sua empresa

tentarão identificar o fluxo de caixa corrente real da Amalgamated. Eles usariam o EBITDA e fariam alguns ajustes para os impostos e para as mudanças no capital de giro. Os dispêndios necessários de capital, que não são visíveis na demonstração de resultados, reduzem o caixa e devem ser subtraídos.

2. Seus analistas estimariam depois os fluxos de caixa anuais futuros — um negócio bem espinhoso.

3. Em seguida, você calcularia o valor final. Você pode continuar suas estimativas de fluxo de caixa por vinte ou trinta anos (um esforço questionável), ou pode escolher arbitrariamente uma data em que você venderá a empresa, e então estimar o que essa venda geraria (US$4,3 milhões no ano 4 da análise que se segue). Esse número líquido depois dos impostos será incluído no fluxo de caixa do último ano. Como alternativa, você pode usar a seguinte equação para determinar o valor presente de uma série perpétua de fluxos de caixa anuais iguais:

   Valor presente = fluxo de caixa/taxa de desconto

   Usando os número do exemplo, podemos supor que o fluxo de caixa do último ano, de US$600 (mil) continuará indefinidamente (mencionado como uma perpetuidade). Essa quantia, dividida pela taxa de desconto de 12%, daria um valor presente de US$5 milhões.

4. Compute o valor presente do fluxo de caixa de cada ano usando a técnica descrita no Capítulo 9.

5. Totalize os valores presentes para determinar o valor de toda a empresa.

Ilustramos esses passos em uma avaliação hipotética da Amalgamated Hat Rack usando uma taxa de desconto de 12% (Tabela 10.2). Nosso valor calculado aqui é de US$4.380.100. (Observe que calculamos que venderíamos a empresa no fim do quarto ano, rendendo US$4,3 milhões.)

Neste exemplo, ignoramos, convenientemente, os detalhes que entram na estimativa de fluxos de caixa futuros, determinando a taxa de desconto adequada (neste caso, usamos o custo de capital da empresa), e o valor final da empresa. Tudo isso está além do âmbito deste livro — e estaria além de nossa responsabilidade como gerentes não-financeiros. É melhor deixar essas definições para os especialistas. Para você, o importante é uma compreensão geral do método de fluxo de caixa descontado e seus pontos fortes e fracos.

TABELA 10.2
Análise do fluxo de caixa descontado da Amalgamated (taxa de desconto de 12%)

	Valor presente (em US$1.000, arredondado)	Fluxos de caixa (em US$1.000)
Ano 1	446,5	500
Ano 2	418,5	525
Ano 3	398,7	560
Ano 4	381,6 + 2.734,8	600 + 4.300
Total	4.380,1	

Os pontos fortes do método são vários:

- Ele reconhece o valor dos fluxos de caixa futuros no tempo.
- É orientado para o futuro, e estima os fluxos de caixa futuros em termos do que o novo proprietário poderá realizar.
- Ele contabiliza o custo de capital do comprador.
- Ele não depende de comparações com empresas similares — que tendem a ser diferentes em várias dimensões (por exemplo, índices baseados nos ganhos).
- É baseado em fluxos de caixa reais em vez de valores contábeis.

O ponto fraco do método é que ele supõe que os fluxos de caixa futuros, inclusive o valor final, podem ser calculados com uma precisão razoável.

Resumo

Este capítulo examinou o tema importante mas difícil da avaliação de uma empresa. Ele descreveu três abordagens:

- **Com base no ativo.** A primeira abordagem da avaliação é baseada no ativo: valor patrimonial, valor contábil ajustado, valor de liquidação e valor de substituição. Em geral, esses métodos são fáceis de calcular e de entender, mas têm pontos fracos dignos de nota. Exceto para os métodos de substituição e contábil ajustado, eles não conseguem refletir os valores reais de mercado dos ativos; também não conseguem reconhecer o valor intangível de uma empresa, o que deriva muito de seu poder de gerar riqueza a partir do conhecimento humano, de habilidade e reputação.
- **Com base nos lucros.** A segunda abordagem de avaliação descrita neste capítulo é baseada nos lucros: o método P/L e os métodos EBIT e EBITDA. A abordagem baseada nos lucros geralmente é superior aos métodos baseados nos ativos, mas depende da disponibilidade de empresas comparáveis cujos índices P/L sejam conhecidos.
- **Com base no fluxo de caixa.** Por fim, apresentamos o método do fluxo de caixa descontado, que é baseado nos conceitos de valor do dinheiro no tempo. O método do fluxo de caixa descontado tem muitas vantagens, e a mais importante delas é sua orientação para o futuro. Este método calcula os fluxos de caixa futuros em termos do que um novo proprietário poderá realizar. Ele também reconhece o custo de capital do comprador. O principal ponto fraco do método é a dificuldade inerente em produzir estimativas confiáveis de fluxos de caixa futuros.

No fim, essas três diferentes abordagens da avaliação tendem a produzir resultados diferentes. Até o mesmo método aplicado por dois profissionais experientes pode produzir resultados diferentes. Por esse motivo, a maioria dos avaliadores usa mais de um método para obter uma aproximação do valor verdadeiro de um ativo ou de uma empresa.

APÊNDICE

Elaboração de orçamento por atividade

A elaboração de orçamento por atividade (ABB, de *activity-based budgeting*) é uma nova maneira de abordar o processo orçamentário. Para compreender o orçamento por atividade, precisamos primeiro entender o custeio baseado em atividade (ABC, do inglês *activity-based costing*), que descrevemos resumidamente no Capítulo 3. Você não pode fazer a ABB se sua empresa não tem um sistema de ABC.[1]

O custeio por atividade é uma nova maneira de alocar o custo dos recursos consumidos ao custo de itens como produtos, clientes e canais de distribuição. Na alocação de custos tradicional, os custos de despesas gerais são alocados a produtos usando-se critérios de custos, como horas de mão-de-obra direta e horas de máquina. São chamados de critérios de volume porque estes critérios variam proporcionalmente ao volume total de produção. O problema dos mecanismos tradicionais de alocação de custo é que eles não refletem o fato de que alguns custos são independentes do número de unidades produzidas em um lote. O custeio por atividade, por outro lado, leva em consideração que os lotes menores de um produto em geral têm produção mais cara do que lotes maiores por causa dos custos de *setup*, embora as horas de mão-de-obra por unidade ou as horas de máquina possam ser as mesmas para os dois lotes.

Com o custeio por atividade, os custos de recursos como aluguel, serviços públicos, depreciação e salários primeiro são alocados a atividades e depois alocados das atividades para os objetos de custo usando critérios de custos por unidade, lote, produto, cliente e instalação. O custeio por atividade observa todas as atividades associadas à produção de alguma coisa. Uma atividade pode ser qualquer evento, tarefa ou unidade de trabalho com um objetivo específico. Por exemplo, a Divisão Cabeça de Alce da Amalgamated Hat Rack tem atividades operacionais como as seguintes:

- Compra material
- Prepara material
- Programa a produção
- Inspeciona os produtos
- Embala os produtos

Estas atividades operacionais são apoiadas por atividades gerenciais como estas:

- Contrata novos funcionários
- Treina funcionários
- Gerencia a rede de computador
- Gerencia a folha de pagamento
- Prepara informação fiscal
- Comunica-se com os acionistas

Hierarquia de atividades

Os gerentes agora podem ver como as atividades se encaixam em uma hierarquia. Na base estão as atividades do nível da unidade necessárias para produzir um cabide para chapéus ou para atender a um pedido de conserto. Por exemplo, as atividades podem incluir o polimento dos chifres, a perfuração de buracos nos chifres e a fixação dos componentes de metal aos chifres. O número de atividades unitárias desempenhadas é baseado nos volumes de produção e vendas. Neste nível, os métodos tradicionais de alocação de custos baseados em horas de mão-de-obra, horas de máquina ou unidades produzidas funcionam muito bem.

O passo seguinte na hierarquia são as atividades por lotes. Essas atividades são desempenhadas para cada lote. Por exemplo, a Divisão Cabeça de Alce produz modelos diferentes de cabides para chapéus de chifres. Quando ela deixa de produzir o modelo padrão vertical e passa a produzir o modelo de parede, as atividades para este lote podem incluir lidar com os pedidos de produção, ajustar as máquinas, e assim por diante. Os recursos necessários para estas atividades de lote não estão relacionados com o número de unidades produzidas no lote.

Os métodos orçamentários tradicionais de alocar os custos de despesas gerais baseados em horas de mão-de-obra ou unidades produzidas não estão necessariamente relacionados com os recursos reais usados para desempenhar as atividades em lote. Este é um exemplo de onde o custeio baseado em atividade e o orçamento baseado em atividade diferem na determinação dos custos e dos números do orçamento.

Da mesma forma, indo além na hierarquia de áreas, atividades de apoio aos produtos, como o teste de qualidade ou o desenvolvimento de novos produtos, ou atividades de apoio a clientes, como fornecer atendimento individualizado, podem estar relacionadas aos produtos atuais, mas suas despesas de recursos não podem ser medidas em termos de unidades produzidas ou horas de mão-de-obra direta. Aqui, novamente, avaliar os custos de recursos para cada atividade dá um quadro mais claro dos custos gerais de produção.

Desenvolvendo critérios de custeio

O poder real por trás do custeio por atividade está na compreensão dos critérios de custeio para cada atividade. O critério de custeio da atividade é uma medida quantitativa do resultado daquela atividade. Por exemplo, para a atividade de "ajustar as máquinas", o critério de custeio é o número de horas de *setup*. Para as "tarefas de programar a produção", o critério de custeio é o número de rodadas de produção.

Há três tipos básicos de critérios. Pela identificação do tipo de critério de custeio que está associado a uma atividade específica, os planejadores podem medir as despesas reais e os recursos exigidos para aquela atividade.

- **Critérios de custeio de transação.** Esses impulsionadores medem a freqüência com que uma atividade é realizada; por exemplo, o número de *setups* de máquina ou rodadas de produção ou recebimento de material.
- **Critérios de custeio de duração.** Este mede a quantidade de tempo que leva uma tarefa. Por exemplo, as horas de mão-de-obra ou horas de *setup* podem ser a medida mais precisa para atividades que envolvam a produção de um determinado produto.
- **Critérios de custeio de intensidade.** Esses critérios tratam dos recursos usados em uma atividade. Se, por exemplo, um serviço de atendimento ao cliente exige que um técnico especializado esteja disponível, então o custo real está no técnico como um recurso e não no tempo envolvido no atendimento.

Depois que você tiver determinado os critérios de custeio para cada atividade, você saberá qual é o verdadeiro custo da atividade. Você pode então usar esta informação para operações eficientes e alocação de recursos, e para planejar o futuro — em outras palavras, para a elaboração do orçamento.

Do custeio baseado em atividades à elaboração do orçamento baseada em atividades

Derivada dos métodos de custeio por atividade, a *elaboração do orçamento baseada em atividade* se concentra no custo dos recursos necessários para produzir e vender produtos e serviços. O custeio por atividade começa com o custo de recursos, aloca estes custos às atividades e depois aloca o custo das atividades aos produtos. Movendo-se na direção oposta, o orçamento por atividade começa com o produto planejado, os volumes e mix de vendas e propõe as atividades necessárias para produzir o mix e o volume. A partir destas atividades, os planejadores de orçamento podem calcular os recursos necessários e seus custos associados. Assim, para usar um processo de orçamento por atividade, uma organização precisa ter dados históricos derivados de um sistema de custeio baseado em atividades. A informação depois é utilizada para projetar o custo necessário dos recursos baseado no produto, no volume e no mix previstos.

A principal vantagem do orçamento baseado em atividades é que os custos podem ser associados com mais precisão às atividades, tornando o processo de planejamento mais preciso e as correções mais eficazes. A desvantagem é que o orçamento por atividade pode ser custoso e complexo — pode não valer a pena o trabalho para uma pequena empresa com poucos produtos ou serviços. Ele também deve ser adotado e permear toda a organização; uma divisão sozinha não pode decidir desenvolver seu próprio sistema de custeio por atividade ou orçamento por atividade. Mas quando as circunstâncias estão corretas, as abordagens baseadas em atividades para compreender a dinâmica econômica de uma organização proporcionam benefícios de planejamento de longo prazo.

Notas

Capítulo 2: Como entender o significado das demonstrações financeiras

1. Nossa análise dos índices financeiros baseia-se em William J. Bruns Jr., "Introduction to financial ratios and financial statement analysis", Class note 9-193-029 (Boston: Harvard Business School Publishing, revisado, 21 de agosto de 1996).
2. As ações preferenciais ou outros papéis negociáveis que são conversíveis em ações ordinárias são tratados com freqüência como equivalentes de ações ordinárias na elaboração deste cálculo. Discutiremos essas diferentes classes de propriedade e papéis no Capítulo 4.
3. Robert S. Kaplan e David P. Norton, "The balanced scorecard: measures that drive performance", *Harvard Business Review*, janeiro-fevereiro de 1992. Para uma discussão mais profunda do *balanced scorecard* e sua implementação, ver Robert S. Kaplan e David P. Norton, *The balanced scorecard** (Boston: Harvard Business School Press, 1996).

Capítulo 3: Conceitos contábeis importantes

1. Nossa análise da contabilidade para estoque é parcialmente baseada em William J. Bruns Jr., "Accounting for property, plant, equipment and other assets", Class note 9-193-046 (Boston: Harvard Business School Publishing, revisado, 13 de agosto de 1996).
2. Esta seção é adaptada da obra citada na nota 1.
3. H. Thomas Johnson e Robert Kaplan, *Relevance lost* (Boston: Harvard Business School Press, 1987).

*Publicado no Brasil com o título *A estratégia em ação*, pela editora Campus (N. E.)

Capítulo 4: Tributos

1. As informações contidas nesta publicação estão atualizadas até agosto de 2003.
2. Fonte: Receita Federal.
3. Fonte: Instituto Brasileiro de Planejamento Tributário.
4. Fonte: Receita Federal.
5. Os consórcios não são tipos societários propriamente ditos, mas a união de duas ou mais sociedades para um empreendimento específico. Sociedades em Conta de Participação não tem personalidade jurídica. São apenas equiparadas a contribuintes de acordo com a legislação de imposto de renda.
6. No Brasil, o exercício fiscal corresponde ao ano-calendário.
7. Fonte: Receita Federal.
8. Em adição à multa trabalhista de 40% sobre os depósitos do FGTS devida ao empregado.

Capítulo 5: Operações de financiamento e crescimento

1. Para a história completa da evolução da eBay, ver David Bunnell (com Richard Luecke), *The eBay phenomenon* (Nova York: John Wiley & Sons, 2000), p. 17-30. Toda a informação financeira sobre a empresa descrita aqui provém do relatório anual da eBay de 2001.

Capítulo 6: Mercados monetários e de capital

1. Marcia Stigum e Frank Fabozzi, *The Dow Jones-Irwin guide to bonds and money market instruments* (Homewood, Ill.: Dow Jones-Irwin, 1987), p. 6.

Capítulo 9: O valor do dinheiro no tempo

1. Um cálculo de VPL determina o valor presente líquido de uma série de fluxos de caixa de acordo com a seguinte fórmula algébrica:
   Valor presente líquido = $CF_0 + CF_1/(1 + i)^1 + CF_2/(1 + i)_2 + CF_n/(1 + i)^n$,
   onde cada *CF* é um fluxo de caixa futuro, *n* é o número de anos durante os quais espera-se que o fluxo de lucros ocorra, e *i* é a taxa desejada de retorno, ou a taxa de

desconto. Se você fornecer os valores para cada fluxo de caixa futuro, a taxa de desconto e o número de anos, sua planilha eletrônica ou calculadora fará o resto.

2. Você chegará a um número ligeiramente diferente se fizer o cálculo em uma calculadora financeira ou planilha eletrônica. O motivo é um erro de arredondamento. Nosso FVP possui três casas decimais, enquanto as calculadoras e as planilhas geralmente fornecem um número maior de casas decimais.

Capítulo 10: Conceitos de avaliação

1. Este capítulo tem material adaptado de Michael J. Robert, "Valuation techniques", Class note 9-384-185 (Boston: Harvard Business School Publishing, revisado, 18 de agosto de 1988).

Apêndice: Elaboração de orçamento por atividade

1. O material deste apêndice provém do módulo "Budgeting" do Harvard ManageMentor, Harvard Business Online Enterprise Solutions, Harvard Business School Publishing, disponível em http://elearning.hbsp.org.

Glossário

AÇÃO PREFERENCIAL — Um papel negociável semelhante a título, que paga um dividendo específico e tem uma posição superior à ação ordinária no caso de distribuições ou liquidação.

AÇÕES ORDINÁRIAS — Papéis negociáveis que representam uma participação fracionária do proprietário na companhia que os emitiu.

ALAVANCAGEM FINANCEIRA — O nível em que o dinheiro emprestado é usado na aquisição de ativos. Diz-se que uma empresa é altamente alavancada quando sua dívida no balanço é muito maior que o patrimônio dos proprietários.

ALAVANCAGEM OPERACIONAL — O nível em que os custos de uma empresa são fixos em vez de variáveis. Por exemplo, uma empresa que depende muito de maquinaria e de poucos trabalhadores para produzir seus bens tem uma alta alavancagem operacional.

ALOCAÇÕES — Ver *custos indiretos.*

ANÁLISE DE CUSTO/BENEFÍCIO — Uma forma de análise que avalia se, durante um determinado período de tempo, os benefícios do novo investimento, ou da nova oportunidade de negócios, superará os custos associados.

ANÁLISE DO PONTO DE EQUILÍBRIO — Uma forma de análise que ajuda a determinar quanto (ou quanto mais) uma empresa precisa vender para pagar um investimento fixo — em outras palavras, em que ponto a empresa irá equilibrar seu fluxo de caixa.

ARRENDAMENTO OU *LEASING* FINANCEIRO — Um arrendamento que geralmente abrange toda a vida útil do ativo. O arrendamento não pode ser cancelado, a menos que o arrendatário cumpra todo o cronograma de pagamentos. Em geral é necessário que o arrendatário pague o seguro, os impostos e a manutenção do ativo.

ARRENDAMENTO OU *LEASING* OPERACIONAL — Um arrendamento cujo período cobre uma parte da vida útil prevista do ativo. O arrendador (o proprietário do ativo) em geral deve renovar o arrendamento, uma vez ou mais, para recuperar o custo do ativo e lucrar.

ATIVOS — Os itens do balanço em que uma empresa investe para poder realizar os negócios. Os exemplos incluem caixa e instrumentos financeiros, estoques de matéria-prima e bens acabados, terrenos, prédios e equipamento. Os ativos também incluem o dinheiro devido à empresa por clientes e outros — uma categoria de ativos que recebe o nome de *contas a receber.*

ATIVOS CIRCULANTES — Ativos que são mais facilmente convertidos em caixa: equivalentes de caixa como certificados de depósito e letras do Tesouro americano, contas a receber e estoque. De acordo com os princípios contábeis geralmente aceitos, os ativos circulantes são aqueles que podem ser convertidos em caixa no prazo de um ano.

ATIVOS FIXOS — Ativos que são difíceis de converter em caixa — por exemplo, prédios e equipamento. Às vezes chamados de ativos planta.

ATIVOS PLANTA — Ver *ativos fixos.*

BALANÇO PATRIMONIAL — Uma demonstração financeira que descreve os ativos que a empresa tem e como estes ativos são financiados — com os fundos de credores (passivos), o patrimônio dos proprietários, ou ambos. Também conhecido como demonstração da situação patrimonial.

CAPITAL DE GIRO — Ver *capital de giro líquido.*

CAPITAL DE GIRO LÍQUIDO — Ativos circulantes menos passivos circulantes; a quantidade de dinheiro que uma empresa vincula a atividades operacionais de curto prazo.

CONTAS A PAGAR — Uma categoria de passivos do balanço que representa o dinheiro que a empresa deve a fornecedores e outros credores de curto prazo.

CONTAS A RECEBER — Uma categoria de ativos do balanço que representa o dinheiro devido à empresa.

CRÉDITO FISCAL — Uma redução dólar a dólar da responsabilidade fiscal.

CUSTEIO POR ATIVIDADE — Uma abordagem da contabilidade de custos que quantifica cuidadosamente as ligações entre o desempenho de determinadas atividades e as demandas econômicas destas atividades sobre os recursos da organização.

CUSTO DE CAPITAL — O custo de oportunidade que os acionistas e credores podem ganhar sobre seu capital se investirem na próxima boa oportunidade disponível para eles com o mesmo nível de risco, calculado como o custo médio ponderado das diferentes fontes de capital da organização.

CUSTO DE PRODUTOS VENDIDOS — Na demonstração de resultados, quanto custa uma empresa produzir seus bens e serviços. Este número inclui custos de matéria-prima, produção e mão-de-obra direta.

CUSTO MÉDIO — O custo médio de itens de estoque é determinado pela soma do valor do estoque inicial e do total de compras feitas durante o período contábil, dividida pelo número de itens.

CUSTOS DIRETOS — Custos que são conseqüência direta d de um bem ou serviço — o contrário de despesas gerais, ou custos indiretos.

CUSTOS INDIRETOS — Custos que não podem ser atribuídos à produção de nenhuma unidade específica de produto. Freqüentemente chamados de despesas gerais, alocações ou encargos.

DEMONSTRAÇÃO DE FLUXO DE CAIXA — Uma demonstração financeira que detalha os motivos das mudanças no caixa (ou equivalentes de caixa) durante o período contábil. Mais especificamente, ela reflete todas as mudanças no caixa afetadas por atividades operacionais, investimento e atividades financeiras.

DEMONSTRAÇÃO DE LUCROS E PERDAS (L&P, DO INGLÊS *LOSS AND PROFIT*) — Ver *demonstração de resultados.*

DEMONSTRAÇÃO DE RESULTADOS — Uma demonstração financeira que indica os resultados acumulados de operações durante um período específico. Também chamada de demonstração de lucros e perdas.

DEPRECIAÇÃO — Uma despesa não-monetária que efetivamente reduz o valor de balanço de um ativo durante sua vida útil presumida.

DESPESA OPERACIONAL — No balanço, uma categoria que inclui as despesas administrativas, salários de funcionários, aluguéis, custos de vendas e marketing, bem como outros custos que não são diretamente atribuídos ao custo de fabricação de um produto.

DESPESAS GERAIS — Ver *custos indiretos.*

DIVIDENDOS — Uma distribuição de lucros da companhia, depois dos impostos, aos acionistas.

ENCARGOS — Ver *custos indiretos.*

ESTOQUE — Os suprimentos, matéria-prima, componentes e outros, que uma empresa utiliza em suas operações. Também inclui o trabalho em andamento — bens em vários estágios de produção — e a espera de os produtos acabados serem vendidos e/ou despachados.

FLUXO DE CAIXA DESCONTADO — Um método baseado em conceitos de valor do dinheiro no tempo que calcula valor descobrindo o valor presente dos fluxos de caixa futuros de uma empresa.

GARANTIA EXTRA — Um ativo penhorado ao credor até que o empréstimo seja quitado.

GIRO DE ESTOQUE — O custo dos bens vendidos dividido pelo estoque médio.

ÍNDICE DE COBERTURA DE JUROS — Os lucros antes dos juros e impostos divididos pelas despesas de juros. Os credores usam esse índice para calcular a capacidade de uma empresa de fazer um pagamento futuro de juros em face de resultados operacionais flutuantes.

ÍNDICE DE DÍVIDA — O índice de dívida para ativos ou patrimônio na estrutura financeira de uma empresa.

ÍNDICE DE LIQUIDEZ CORRENTE — Ativos correntes divididos pelos passivos correntes. Este índice é usado com freqüência como uma medida da capacidade de uma empresa de cumprir com suas obrigações no vencimento.

INVESTIDOR DE RISCO — Um investidor de alto risco que procura uma posição acionária em uma empresa iniciante ou com alto potencial de crescimento. Em troca do capital, o investidor de risco em geral tem uma porcentagem significativa da empresa e uma cadeira em seu conselho diretor.

LIQUIDEZ — O nível até o qual os ativos de uma empresa podem ser prontamente transformados em caixa para o cumprimento das obrigações financeiras.

LUCROS ACUMULADOS — Lucros anuais líquidos que restam depois do pagamento de dividendos que se acumulam no balanço de uma empresa.

LUCROS ANTES DOS JUROS E IMPOSTOS — Ver *lucros operacionais.*

LUCRO LÍQUIDO — Ver *renda líquida.*

LUCROS OPERACIONAIS — Na demonstração de resultados, a margem bruta menos as despesas operacionais e a depreciação. Geralmente chamados de lucros antes dos juros e impostos, ou LAJIR (em inglês EBIT, *de earnings befre interest and taxes*).

LUCROS POR AÇÃO — Os lucros líquidos de uma empresa expressos em uma base por ação.

MARGEM BRUTA — Receitas de vendas menos o custo dos bens vendidos. A medida mais próxima da lucratividade.

MARGEM DE CONTRIBUIÇÃO — Na contabilidade de custos, a contribuição de cada unidade de produção para as despesas gerais e os lucros, ou a receita líquida menos o custo direto por unidade.

MARGEM DE LUCRO — A porcentagem de cada dólar de vendas que contribui para o resultado financeiro. A margem de lucro é a renda líquida depois dos impostos dividida pelas vendas líquidas. Às vezes é chamada de retorno sobre as vendas, ou ROS, do inglês *return on sales.*

MARGEM OPERACIONAL — Um índice financeiro usado por muitos analistas para avaliar a lucratividade das atividades operacionais de uma empresa. É calculado como lucros antes dos juros e impostos (LAJIR) divididos pelas vendas líquidas.

MERCADO MONETÁRIO — A rede de emissores e revendedores através da qual os grandes tomadores levantam dinheiro de curto prazo pela venda de seus instrumentos de dívida. Esta rede representa as novas emissões e a negociação no mercado secundário.

MERCADOS DE CAPITAL — Os mercados financeiros em que os instrumentos de dívida de longo prazo e as ações — inclusive colocações privadas — são emitidos e negociados.

OBRIGAÇÃO — Um papel de dívida geralmente emitido com uma taxa de juros fixa e um prazo de vencimento determinado. O emissor da obrigação tem o dever contratual de fazer pagamentos periódicos dos juros e resgatar o título por seu valor nominal no vencimento.

OFERTA PÚBLICA INICIAL (IPO, DO INGLÊS *INITIAL PUBLIC OFFERING*) — A primeira oferta de ações de uma companhia ao público.

ORÇAMENTO — Um documento que traduz os planos estratégicos em quantidades mensuráveis que expressam os recursos necessários esperados e retornos previstos durante um determinado período. Funciona como um plano de ação e apresenta demonstrações financeiras futuras estimadas da organização.

ORÇAMENTO COM BASE ZERO — Uma prática orçamentária que começa a cada novo ciclo a partir do zero, como se o orçamento estivesse sendo preparado pela primeira vez. Cada ciclo orçamentário começa com uma análise crítica de cada premissa e dispêndio proposto. A vantagem do orçamento com base zero é que ele exige que os gerentes façam uma análise muito mais profunda, com base anual, de cada item do orçamento — considerando os objetivos, examinando alternativas e justificando suas solicitações.

ORÇAMENTO DE CAIXA — Um orçamento que prevê e planeja o nível e o período de entrada e saída de caixa.

ORÇAMENTO DINÂMICO — Um plano que é continuamente atualizado de modo que o período de tempo permaneça estável enquanto o período real coberto pelo orçamento muda. Por exemplo, à medida que cada mês passa, um orçamento dinâmico de um ano é estendido em um mês, de modo que sempre haja um orçamento para um ano.

ORÇAMENTO FIXO — Um orçamento que abrange um período específico de tempo — em geral um ano fiscal. No fim do ano, um novo orçamento é preparado para o ano seguinte. Um orçamento fixo pode ser analisado a intervalos regulares — talvez trimestralmente — de modo que os ajustes e correções possam ser feitos se necessários, mas o orçamento básico permaneça o mesmo durante todo o período.

ORÇAMENTO FLEXÍVEL — Um orçamento cujas receitas e custos podem ser ajustados ou flexibilizados, de acordo com as variações calculadas entre as quantias orçadas e o produto e as receitas reais.

ORÇAMENTO GERAL — Um orçamento que reúne todos os orçamentos operacionais e o orçamento financeiro de uma organização em um quadro abrangente. Ele resume todas as projeções financeiras individuais de uma organização para um determinado período.

ORÇAMENTO INCREMENTAL — Uma prática orçamentária que extrapola a partir de números históricos. Os gerentes observam o orçamento do período anterior e os resultados reais, bem como as expectativas para o futuro, a fim de determinar o orçamento do período seguinte.

ORÇAMENTO *KAIZEN* — Um método orçamentário que incorpora a melhoria contínua no processo de elaboração do orçamento. A redução de custo é feita no orçamento de modo incremental, de maneira que são feitos esforços contínuos para reduzir os custos ao longo do tempo. Se as reduções do custo orçado não são atingidas, é dada uma atenção extra à área operacional.

ORÇAMENTO OPERACIONAL — Uma meta planejada para o desempenho em receitas, despesas e lucro operacional.

PASSIVO — A contrapartida dos ativos de uma empresa.

PASSIVOS CIRCULANTES — Passivos que devem ser pagos em um ano ou menos; em geral incluem empréstimos de curto prazo, salários, imposto de renda e contas a pagar.

PATRIMÔNIO DOS PROPRIETÁRIOS — É o saldo restante, depois que os passivos totais são deduzidos dos ativos totais. O patrimônio dos proprietários é a soma do capital integralizado dos proprietários mais os lucros acumulados. Também conhecido como patrimônio dos acionistas.

PATRIMÔNIO DOS ACIONISTAS — Ver *patrimônio dos proprietários.*

PERÍODO DE RETORNO DO INVESTIMENTO OU PAYBACK — O período de tempo que levará para que um determinado investimento se pague.

PRAZOS DE RECEBIMENTO — O tempo médio que leva para receber o pagamento pelas vendas.

PRIMEIRO A ENTRAR, PRIMEIRO A SAIR (FIFO, DO INGLÊS *FIRST-IN, FIRST-OUT*) — Um método de contabilidade para o estoque que atribui o custo dos bens vendidos ao custo das unidades mais antigas do estoque.

PRINCÍPIOS CONTÁBEIS GERALMENTE ACEITOS (GAAP, DO INGLÊS *GENERALY ACCEPTED ACCOUNTING PRINCIPLES*) — Nos Estados Unidos, um conjunto de convenções, regras e procedimentos sancionados pelo Conselho de Normas de Contabilidade Financeira, um organismo independente e auto-regulamentador. Todas as entidades devem seguir o GAAP na contabilidade e nas transações, e representar seus resultados nas demonstrações financeiras.

RECEITA — A quantidade de dinheiro que resulta da venda de produtos ou serviços aos clientes.

REGIME DE CAIXA — Uma prática de contabilidade que registra as transações somente quando o dinheiro muda de mãos.

REGIME DE COMPETÊNCIA — Uma prática de contabilidade que registra transações à medida que ocorrem, esteja ou não o dinheiro mudando de mãos.

RENDA LÍQUIDA — O "resultado financeiro" da demonstração de resultados. A renda líquida é a receita menos as despesas, menos os impostos. Também chamada de lucros líquidos.

REPUTAÇÃO OU *GOODWILL* — Um ativo de balanço intangível. Se uma empresa comprou outra por um preço além do justo valor de mercado de seus ativos, esse *goodwill* é registrado como um ativo. *Goodwill* também pode representar coisas intangíveis como a excelente reputação que a empresa adquiriu, seus nomes de marca, suas patentes, tudo o que pode ter valor real.

RETORNO SOBRE AS VENDAS (ROS, DO INGLÊS, *RETURN ON SALES*) — Ver *margem de lucro.*

RETORNO SOBRE O PATRIMÔNIO (ROE, DO INGLÊS, *RETURN ON EQUITY*) — Relaciona a renda líquida com a quantia investida pelos acionistas (inicialmente e através dos lucros acumulados). É uma medida da produtividade do investimento dos acionistas na empresa, e é calculada como renda líquida dividida pelo patrimônio dos acionistas.

RETORNO SOBRE OS ATIVOS (ROA, DO INGLÊS, *RETURN ON ASSETS*) — Relaciona a renda líquida com a base de ativos totais da empresa, e é calculado como renda líquida dividida pelos ativos totais.

SOLVÊNCIA — A capacidade de pagar as contas no prazo.

TAXA DE ATRATIVIDADE — A taxa mínima de retorno que todos os investimentos de uma determinada empresa devem atingir.

TAXA DE DESCONTO — A taxa anual, expressa em porcentagem, pela qual um pagamento futuro ou uma série de pagamentos são reduzidos ao seu valor presente.

TAXA INTERNA DE RETORNO (TIR) — A taxa de desconto pela qual o valor presente líquido de um investimento fica igual a zero.

TÍTULOS NEGOCIÁVEIS — Um instrumento de financiamento de curto prazo usado principalmente por grandes companhias com boa situação de crédito como uma alternativa ao empréstimo bancário de curto prazo. A maioria dos títulos é vendida com um desconto em relação a seu valor nominal e é resgatada por seu valor nominal no vencimento.

ÚLTIMO A ENTRAR, PRIMEIRO A SAIR (LIFO, DO INGLÊS *LAST-IN, FIRST-OUT*) — Um método de contabilidade de estoque que atribui o custo de bens vendidos às unidades de estoque adquiridas mais recentemente.

VALOR CONTÁBIL AJUSTADO — Um aperfeiçoamento do método de valor contábil de avaliação que tenta determinar o valor de certos ativos no balanço de acordo com valores realistas de mercado.

VALOR CONTÁBIL DO PATRIMÔNIO DOS ACIONISTAS — Um método de avaliação de balanço que calcula o valor como ativos totais menos passivos totais.

VALOR DA EMPRESA — O valor do patrimônio de uma empresa mais sua dívida.

VALOR DE SUBSTITUIÇÃO — Uma avaliação que estima o custo de reprodução de um ativo, e não o mais comum, que é um valor contábil de ativo.

VALOR ECONÔMICO AGREGADO (EVA, DO INGLÊS, *ECONOMIC value ADDED*) — Uma medida do lucro econômico real calculada como renda operacional líquida depois dos impostos menos o custo do capital empregado para obtê-la.

VALOR FUTURO (VF) — A quantia até a qual o valor presente, ou série de pagamentos, aumentará durante um período específico a uma taxa composta específica.

VALOR PATRIMONIAL — O valor dos ativos totais menos os passivos totais.

VALOR PRESENTE (VP) — O valor monetário atual de um pagamento futuro descontado a uma taxa de juros compostos anual.

VALOR PRESENTE LÍQUIDO (VPL) — O valor presente de um ou mais fluxos de caixa futuros menos quaisquer custos iniciais de investimento.

VARIAÇÃO — A diferença entre os resultados reais e os resultados esperados no orçamento. Uma variação pode ser favorável, quando o resultado real é melhor que o esperado — ou desfavorável, quando o resultado real é pior que o esperado.

VENDA E ARRENDAMENTO (*leasing*) — Um acordo de arrendamento em que uma entidade vende um ativo a outra (em geral uma empresa financeira) para levantar capital e depois arrenda o mesmo ativo.

Leituras recomendadas

Avaliação

A bíblia atual sobre avaliação é *Valuation: measuring and managing the value of companies,** 2ª ed. (Nova York: John Wiley & Sons, 1995), de Tom Copland, Tim Koller e Jack Murrin. Este livro descreve o processo de avaliação e explica as diferenças entre avaliação e prática contábil. Ele mostra como maximizar o valor do acionista, demonstra como o gerenciamento baseado no valor contribui para melhorar o pensamento estratégico e indica o modo como os gerentes e os diferentes níveis podem agregar valor.

Para uma olhada rápida mas completa sobre o assunto, ver Timothy Luehrman, *What's it worth? A general manager's guide to valuation*, *Harvard Business Review*, maio-junho de 1997. Como indica Luehrman, os gerentes precisam ser capazes de avaliar as operações, as oportunidades (opções reais) e os direitos dos proprietários. Este artigo aborda os três temas. Uma cópia pode ser solicitada diretamente no Web site da Harvard Business School Publishing: http://www.hbsp.harvard.edu/home.html.

Conceitos de contabilidade

Para uma análise da contabilidade de estoque e as várias abordagens da depreciação, ver William J. Bruns Jr., "*Accounting for property, plant, equipment and other assets*", Case 9-193-046 (Boston: Harvard Business School Publishing, revisado, 13 de agosto de 1996).

Para qualquer questão sobre contabilidade de custos para gerentes, ver Charles T. Horngren, George Foster e Srikant M. Datar, *Cost accounting: a managerial emphasis*** (Upper Saddle River, NJ: Prentice Hall, 1997).

---

*Publicado no Brasil sob o título *Avaliação de empresas — Calculando e gerenciando o valor das empresas*, pela Makson Books (N.E.)

**Publicado no Brasil com o título *Contabilidade de custos*, pela editora LTC (N.E.)

Sobre o tema da contabilidade de custo por atividade, ver Robert S. Kaplan, "*Introduction to activity-based costing*", Case 9-197-076 (Boston: Harvard Business School Publishing, revisado, 5 de julho de 2001). Esta nota de discussão em aula lhe dirá o que muitos gerentes precisam saber sobre o custeio por atividade. Outro artigo útil e de leitura muito agradável sobre este tema é Robin Cooper e Robert S. Kaplan, "Profit priorities from activity-based costing", *Harvard Business Review*, maio-junho de 1991.

Demonstrações financeiras

Para um tratamento conciso da análise de índices, ver William J. Bruns Jr., "Introduction to financial ratios and financial statement analysis", Class note 9-193-029 (Boston: Harvard Business School Publishing, revisado, 21 de agosto de 1996).

Para o tema do *balanced scorecard*, vá direto à fonte: Robert S. Kaplan e David P. Norton, "The balanced scorecard: measures that drive performance", *Harvard Business Review*, janeiro-fevereiro de 1992. Para uma análise mais profunda do *balanced scorecard* e sua implementação, ver Robert S. Kaplan e David P. Norton, *The balanced scorecard* (Boston: Harvard Business School Press, 1996).

Mercados monetários e de capital

Marcia Stigum e Frank Fabozzi, *The Dow Jones-Irwin guide to bonds and money market instruments* (Homewood, IL: Dow Jones-Irwin, 1987) continua sendo uma das fontes introdutórias mais acessíveis sobre papéis de renda fixa e instrumentos do mercado monetário. Stigum escreveu o volume sobre cálculos do mercado monetário (rendimentos e fixação de preços), e Fabozzi produziu vários livros notáveis sobre papéis de renda fixa, mas estes são muito técnicos e mais adequados aos interesses de profissionais de investimentos.

Para uma descrição simples de vários papéis de dívida e patrimônio, e sobre a perspectiva do investidor em relação a eles, Herbert B. Mayo, *Investments: an introduction*, 6ª ed. (Fort Worth, TX: Harcourt/Dryden Press, 1999) é imbatível.

Samuel L. Hayes III e Philip M. Hubbard, *Investment banking: a tale of three cities* (Boston: Harvard Business School Press, 1990), apresenta uma história muito agradável de bancos de investimento e o desenvolvimento dos mercados monetário e de capital nos três epicentros das finanças globais: Nova York, Londres e Tóquio. Os autores descrevem o papel histórico que os bancos de investimento têm desempenhado no financiamento de governos e indústrias e como esse papel tem mudado com o passar dos anos.

O valor do dinheiro no tempo

Os conceitos de valor no tempo estão entre os mais importantes que você pode dominar em seu esforço para se tornar um melhor analista e agente de decisão. Apresentamos o básico neste livro, mas há muito mais a aprender. Qualquer livro didático moderno sobre os princípios das finanças incluirá um capítulo sobre esse tema com muitos exemplos e exercícios. Escolha um desses livros, estude o capítulo sobre valor no tempo e adquira prática por meio dos exemplos e exercícios.

Orçamento

Robert S. Kaplan e David P. Norton, *Linking strategy to planning and budgeting*, Harvard Business Review, maio-junho de 2000, mostra como as práticas orçamentárias tradicionais podem ser mais sensíveis às necessidades de rápida transformação de uma empresa. Os autores insistem em que os gerentes não devem se concentrar apenas no orçamento operacional, mas prestar atenção ao orçamento estratégico também, porque o orçamento estratégico é o que financia as iniciativas que favorecem o crescimento da empresa. Os gerentes também precisam evitar cair na armadilha de pensar que as iniciativas são um fim em si mesmo. Em vez disso, as iniciativas são os meios pelos quais uma empresa realiza seus objetivos estratégicos.

Charles T. Horngren, Goerge Foster e Srikant M. Datar, *Cost accounting: a managerial emphasis* (Upper Saddle River, NJ: Prentice Hall, 1997) é um livro clássico sobre a contabilidade de custos. O livro descreve orçamentos como um conceito, uma ferramenta estratégica e um processo de planejamento em detalhes, com exemplos e exercícios. Não só o tratamento sobre orçamentos é completo, como o tema é plenamente integrado a outras contabilidades de custo e material de planejamento.

Sobre o organizador

SAMUEL L. HAYES ocupa a cadeira emérita Jacob H. Schiff de sistema bancário de investimento na Harvard Business School. Ele esteve envolvido em vários aspectos do programa da faculdade, inclusive no ensino em cursos sobre sistema de bancos de investimento, gerenciamento de organizações e serviços financeiros e gerenciamento financeiro empresarial. Também ocupou a cadeira do Programa Internacional de Gerentes Graduados de Harvard, em Vevey, na Suíça, e ensinou no programa de verão sobre Gestão de Financiamento Empresarial para executivos graduados de finanças e no Programa Avançado de Gerenciamento e o componente de Finanças Empresariais no Programa de Gestão de proprietário-presidente da faculdade.

A pesquisa do professor Hayes tem se concentrado nos mercados de capital e na interface empresarial com os mercados de papéis negociáveis. Ele escreveu numerosos artigos sobre temas relacionados em publicações como a *Harvard Business Review*, a *Accounting Review*, o *Financial Analysis Journal*, a *Economic Review* e a *Financial Management*, e colaborou com capítulos em vários livros. Dois artigos em que foi co-autor, sobre bens imobiliários, ganharam o Prêmio Shattuck de melhor artigo nesta categoria em 1967 e 1972. O professor Hayes é co-autor ou organizador de sete livros: *Competition in the investment banking industry* (Harvard Business School Press, 1983), *Investment banking and diligence* (Harvard Business School Press, 1986), *Wall Street and regulation* (Harvard Business School Press, 1987), *Investment banking: a tale of three cities* (Harvard Business School Press, 1990), *Managing financial institutions* (The Dryden Press/ HBJ, 1992), *Financial services: perspectives and challenges* (Harvard Business

School Press, 1993) e *Islamic law and finance: religion, risk and return* (Kluwer Press, 1997).

O Professor Hayes foi consultor de várias companhias, instituições financeiras e órgãos governamentais, entre eles o Departamento de Justiça, o Departamento do Tesouro, a Comissão Federal de Comércio e a Comissão de Valores Mobiliários, onde trabalhou na Comissão Tully em 1994-1995 para examinar os acordos de remuneração dos corretores de ações. Durante doze anos foi presidente do Conselho Consultor de Finanças da Comunidade de Massachusetts. Atualmente trabalha no Conselho de administradores do Swarthmore College e no Conselho de administração do Conservatório de Música da Nova Inglaterra, e também nos conselhos dos fundos mútuos de Eaton-Vance, Tiffany & Company, fundos mútuos Kobrick e Telect, Inc.

Sobre o escritor

RICHARD LUECKE é autor de vários livros da série Harvard Business Essentials. Mora em Salem, Massachusetts, e foi autor ou organizou mais de trinta livros e dezenas de artigos sobre uma vasta gama de temas de negócios. Tem um MBA da Universidade de St. Thomas.

Índice remissivo

Este livro foi composto na tipologia Minion,
em corpo 11/16, e impresso em papel
offset 63 g/m² no Sistema Cameron da Divisão
Gráfica da Distribuidora Record.